El nombre de lo salvaje

POR

NORMAN RUELL

Resumen

Descubre estoultimotradicionalporel primariotiempo o enamorarse de unvintagefavorecidoen todootra vez.

En el primitivo "Viejos anhelos saltan nómadas, Raspando la cadena de la costumbre; Nuevamente de su sueño brumal Despierta la tensión ferina". Buck lo hizoahora ya no estudiolos periódicos, o élpudotenerReconocidoqueproblemacon vertirsefabricación de cerveza,ahora ya no estoy solopara el mismo,sin embargoporcadamarea-aguacanino,robustode músculo y con calor,largopelo, desde Puget Sound hasta San Diego. Porquetipo, a tientasdentro deloscuridad ártica, habíadeterminadoun metal amarillo, ydebido al hechobarco de vapor y transportelas corporaciones han sidoresonando el hallazgo,montones de chicos han estado acelerandoen la Tierra del Norte. Estaschicosdeseadoperritos, y elcachorrosellosdeseado haber sidopesadocachorros, contejidos musculares robustosque trabajar, ytupidoabrigos aescudoellos de la escarcha. Buck vivía en unresidencia masivadentro delValle de Santa Clara bañado por el sol. El lugar del juez Miller, ésser conocido como. se puso de pieotra vezdesde la carretera,1/2 deocultoalgunos de losárboles,a través deque vislumbrapuede mejorardelextensoterraza fresca que corrióredondosu4lados losresidenciaconviértetese acercómediantecalzadas de grava que serpenteanaproximadamente a travésextensivo-extender césped ydebajolas ramas entrelazadas de altos álamos. En la parte de atrásasuntos han sidoincluso en unextraescala espaciosa quesobre elfrente. Ahíhan sido increíblesestablos,en el cualuna docena de mozos de cuadra y muchachos avanzaban, filas de cabañas de sirvientes cubiertas de vid, unasin límitesy ordenada disposición de letrinas,largopérgolas de uva,inexpertopastos, huertos y parches de bayas. Despuésha habidola planta de bombeo para el artesianoadecuadamente, y elmasivotanque de cementoen el cualLos muchachos del juez Miller se lanzaron por la mañana yalmacenadoFríodentro del calortarde. y sobre estoincreíbleseñorío Buck gobernó. Aquí élconvertirse ennacido, yaquí mismoel habia vivido la4años de suestilos de vida. Esoconvertirse encierto, hayHan sido diferentes cachorros, Ahíno pude sin embargosercachorros diferentesen loextensoun lugar,sin embargolo hicieronahora ya nocontar. Ellosve allíy fue, residiódentro delperreras populosas, o vivían oscuramentedentro delhuecos de laresidenciadespués de laestilode Toots, el pug japonés, o Ysabel, la calva mexicana,—criaturas desconocidasquecasi nunca posicionado fosa nasal fuerao pisarpiso. Enlo contrariomano, allíha sidolos fox terrier, unclasificaciónde ellos al menos, que aullaronnerviosogarantiasen Toots e Ysabelbuscandofuera deventanas de casaa ellosy vigilado a travésuna legión de criadas armadas con escobas y fregonas. pero dólarconvertirse enninguno de los dosresidencia-caninoni perrera-canino. loscompletoreinoconvertirse ensu. Se zambulló en el tanque de natación o se fuebuscandocon los hijos del juez; escoltó a Mollie y Alice, las hijas del juez, enlargopaseos al atardecer o temprano en la mañana; en las noches de invierno yacíasobre eldel juezdedos de los pies antes queel rugiente fuego de la biblioteca; llevó a los nietos del juez en suotra vez, o enrollarlosdentro delcésped,y protegidosus pasosa través deaventuras salvajestodo el camino hastala fuentedentro de thestrongyarda,o inclusomás allá de,en el cuallos potrerosha sido, y los parches de bayas. Entre los terriers acechaba imperiosamente, y Toots e Ysabel élcompletamenteignorado, porque élconvertirse enrey—rey sobre todo lo que se arrastra, repta, vuelaasuntosdel lugar del juez Miller,seres humanosincluido. Su padre, Elmo, unmasivoSan Bernardo,fueronel compañero inseparable del juez, y la oferta de Buckverazacumplir con dentro de la manerade su padre Élconvertirse ahora ya notan grande, pesabamás efectivo cieny40 kilos,—para su madre,

Shep,fueronun pastor escocéscanino. Sin embargo,un centenary40 kilos, a la queser entregado la gloriaeso viene devivienda exactaycomúnapreciar, le permitiósostenerél mismo encorrectorealestilo. Durante el4añosviendo esode cachorro había vivido laestilos de vidade un aristócrata saciado; el tenia unplacer de calidaden sí mismo,convertirse enincluso un poco egoísta, comoestados unidos de américaagentede vez en cuandollegar a la camadebido asu situación insular. pero el teniaalmacenadoél mismoa través de ahora ya no se convierte en una insignificanciamimadoresidencia-canino. Caza y afinesfuera de las puertasdelicias teniaalmacenadopor lagrasasy endureció sutejidos musculares; y a él, como a laincruento-carreras de tubing,el cariñode aguafueronun tónico y unaptitud físicapreservador Y estoconvertirse enlacaminodecaninoDólarconvertirse dentro de laotoño de 1897,mientras quela huelga de Klondike arrastrótipodetodo lo globalhacia el norte helado. Pero Buck lo hizoahora ya no estudiolos periódicos, y lo hizoahora ya no reconozcoque manuel,uno de losayudantes de jardinero,convertirse enunno deseadoconocido. Manuel tenía un pecado que lo acosaba. Élqueridopara jugar a la lotería china. Además, en su juego, tenía una debilidad que lo acosaba:religiónen unartilugio; y esto hizo segura su condenación. Para jugar ungadgetllamadas por dinero en efectivo,mientras queel salario de un ayudante de jardinero noahora ya novuelta sobre eldeseosde unesposaygraveprogenie. El juezconvertirse enen unasambleade la Asociación de Productores de Pasas, ylos hombres han sidoocupado organizando un atletismoafiliación,en elmemorableNochede la traición de Manuel. Nadieobservóel y buckestalló a travésel huerto en lo que Buck imaginóse vuelve simplementeun paseo. Yexceptoun solitariotipo,ninguna persona se dio cuentaellos llegansobre elpequeña estación de banderallamóParque del Colegio. EstetipoHablé con Manuel ydinerorechinóentrea ellos. "Túmayoenvolverlos productosantes detú me entregas", el extrañofijadobruscamente, y Manuel doblóUn trozode cuerda fuerteredondocuello de dólardebajoel collar. "Gíralo, ypuedesahogo estoy lleno, "fijadoManuel, y el forastero gruñó unpreparadoafirmativo. dólar teníaacostumbradola cuerda con tranquila dignidad. Para estar seguro, esconvertirse enuna actuación inusitada:sin embargoél tuvodescubiertoade acuerdo conentipoél sabía, yofrecera ellospuntuación de créditoparaSaber cómoque superaba a los suyos. Peromientras quelos extremos de la cuerdahan sido colocados dentro delmanos de un extraño, gruñó amenazadoramente. Él tuvosimplementedio a entender su disgusto, en suPlacercreyendo que para intimarconvertirse enmandar Pero a supreguntarsela cuerda se tensóredondosu cuello, cortando su respiración. Encortorabia le saltóla persona, que lo encontró a mitad de camino, lo agarrócercanola garganta, y con un hábil giro lo arrojó sobre suotra vez. Entonces la cuerda se tensó sin piedad,mientras queBuck luchó con furia, su lengua colgando de su boca y suincreíblepecho jadeando inútilmente. Nunca en todo suestilos de vidasi hubiera sido tan vilmente tratado, yde ninguna maneraen todo suestilos de vidasi hubiera estado tan enojado. Pero suenergíadecayó, sus ojos estaban vidriosos, y suponada mientraslaenseñarconvertirsemarcado ylos 2 chicoslo arrojó alequipajeautomóvil. lossubsecuenteél sabía, élconvertirse entenuementeconscienteque su lenguaconvertirse enherido y que elconvertirse ensiendo sacudidojunto aenun tipo deun medio de transporte El chillido ronco de una locomotora silbando un cruceinformadoa élen el cualélconvertirse en. él también había viajadoregularmentecon el juezahora ya noareconocer el sentimientodeusandoen unequipajeautomóvil. Abrió los ojos, y en ellosve allíla ira desenfrenada de unsecuestradorey. lostiposaltó por su garganta,sin embargoDólarconvertirse entambiéncortopara él. Sus mandíbulas se cerraronen elmano, ni ellosaflojar hastasus sentidosha sidoahogado de éltan pronto como extra. "Sí, tiene ataques",la persona declaró, escondiendo su mano mutilada del maletero, quienfueronatraídomediantelos sonidos deguerra. "Me estoy tomando para el jefe de 'Frisco. Una grietacanino-profesional de la saludallí piensa que él puede curarme". En cuanto a esoNochepaseo,la personahablómáximoelocuentemente para sí mismo, enun poquitocobertizootra vezde un salónen elFrente al mar de San Francisco. "Todo lo que obtengo son cincuenta por él", se quejó; "y yono lo haríahazlo por mil,incruentoefectivo." Su manoconvertirse enenvuelto en un pañuelo ensangrentado, y elcorrectopierna de pantalónconvertirse endesgarrado desde la rodilla hasta el tobillo. "Cómoun montónhizolo contrario¿Tienes una taza?", exigió el tabernero. "Cien",convertirse enlaresponder. "No tomaría un centavomucho menos, asi queasistiryo." "Eso hacecieny cincuenta -calculó el tabernero-, yél realmente vale la penao soy un cabeza cuadrada". El secuestrador deshizo los vendajes ensangrentados ycontroladosu mano lacerada. "Si yono hagaobtener la hidrofobia-" "Serádebido al hechotúconvertirse ennacido paramantener", se rió el tabernero. "Aquí, échame una manomás temprano quetú tiras de tu carga", dijoentregado. aturdido,luchandoinsoportabledolorde la garganta y la lengua, con elestilos de vida1/2 deestrangulado fuera de él, Bucktrató de ponerse de piesus verdugos. Pero élconvertirse enarrojado y ahogado repetidamente,Hasta quetuvieron éxito ensumisiónel pesado collar de bronce de su cuello. Entonces la cuerdaconvertirse enquitado, y elconvertirse enarrojadojusto en uncaja en forma de jaula. Allí se acostó para elel restodel cansadoNoche, alimentando su ira y heridoPlacer. Élno pude reconocerquétodo elloquiso decir. Que hicieronnecesitarcon él,esos chicos extraordinarios? Por quéha sidoellosconservaciónél reprimidoen este esbelto¿caja? Él hizoahora ya no reconozcopor qué,sin embargose sintió oprimidomediantelaexperiencia indistintadeinminentecalamidad. Variosinstancias en el curso delaNochesaltó a sudedos de los piesla puerta del cobertizo se abrió,viendo para parel juez, olos hombresal menos. Peroen cada ocasiónesoconvertirse enel rostro abultado del tabernero que lo mirabamedianteel enfermizotempladode una vela de sebo. Yen cada ocasiónlacómodoladrido que tembló en la garganta de Buckconvertirse enretorcidojusto en ungruñido salvaje. Pero el taberneropermitira élpor mi mismo, ydentro delMañana4chicosingresóy recogidola caja Más torturadores, decidió Buck, porque elloshа sidodemonio-buscandocriaturas, andrajosas y descuidadas; y él irrumpió y se enfureció contra ellosa través delos bares. Ellosmás efectivose rió y le clavó palos, lo cual élde inmediatoasaltadojunto con su nombre hasta queéldescubiertoeso esoconvertirse enlo que ellosdeseado. Entonces se acostó malhumorado y permitió que levantaran la caja.justo en unvagón. Entonces él, y la cajadondeélconvertirse enencarcelado,comenzóun pasajea través demuchas manos oficinistasdentro del lugar de trabajo específicotomótarifade él; élconvertirse enacarreadoaproximadamenteencualquier otrovagón; lo llevó un camión, con unrecopilacióndecontenedores de embalajey paquetes, en un transbordador de vapor; élconvertirse ensacado del barco de vaporjusto en un increíbledepósito ferroviario, yen el finalélconvertirse endepositado en unespecíficoautomóvil. Por días y noches estoespecíficoautomóvilconvertirsearras tradojunto alcola de locomotoras chillonas; ypara 2días y noches Buck no comía ni bebía. En su ira se había encontradoel primarioavances de laespecíficomensajeros con gruñidos,y que elloshabía tomado represaliasmediantеburlándose de él. Cuando se arrojóen oposición alos barrotes, temblando y echando espuma, se reían de él y se burlaban de él. Gruñían y ladraban como detestablescachorros, maullaban y agitaban susdedosy cantó. Esoconvertirse entodo muy tonto, lo sabía;sin embargo, en consecuencialaextraultraje a su dignidad, y su ira crecía y crecía. Él hizoahora ya no tengo pensamientoslainaniciónasi queun montón,sin embargo la pérdida deaguainducidoa éllucha extremay avivó su ira hasta el punto de la fiebre. Para el caso, muy nervioso y finamente sensible, elmal remediolo había arrojadojusto en unfiebre, queconvertirse enalimentadosmediantelainfecciónde su garganta y lengua resecas e hinchadas. Élser felizpara unoaspecto: la cuerdaconvertirse ende su cuello. Eso les había dado una ventaja injusta;sin embargoahora queconvertirse enfuera, elpodría mostrara ellos. Ellosde ninguna maneraobtenercualquier otrosogaredondoSu cuello. Sobre eso elconvertirse enresuelto. Durante días y noches no comía ni bebía, yen el curso de losdías y noches de tormento, élrecogidoun fondo de ira que presagiabaindispuestopara quien primero se enfadó con él. Sus ojoscreció para convertirseinyectado en sangre, y élconvertirse enmetamorfoseadojusto en undemonio furioso. Asi quemodificadoconvertirseel que el mismo Juezya no podíatenerdiagnosticadoa él; y elespecíficomensajeros respiraban conalivio después de quelo despidió delenseñaren Seattle. cuatrotipocautelosamente sacó la caja del carrojusto en unpequeño, de paredes altasotra vezyarda. un fuertetipo, con unvioletasuéter que se hundía generosamentesobre elcuello,ve allísalió y firmó elee-e libroporla fuerza motriz. Queconvertirse en la persona, Buck adivinó,el posteriorverdugo, y se arrojó salvajementeen oposición alos bares. lostiposonrió sombríamente,y tomadoun hacha y unafiliación. "¿No vas a sacarlo ahora?"la fuerza motrizpreguntó. "Por supuesto,"la personarespondido,montandoel hacha en la caja de una palanca. Ahíser directodispersión de la4chicosquién lo había llevado adentro, y desegurose posa enpináculola pared ellosorganizado para mirarel desempeño. Buck se apresurósobre elmadera astillada, hundiendo suesmaltedentro de él, surgiendo y luchando con él. Dondequiera que cayera el hachaen elafuera, elconvertirse enalláen eladentro, gruñendo y gruñendo, tan furiosamenteirritantesalir comola persona dentro del moradosuétervolverse frívolo porqueen sacarlo. "Ahora tuvioleta-diablo de ojos, "élfijado,mientras queél había hechoun gapenoughpara el paso de

Buckcuadro. En eligualvez que soltó el hacha y cambió elafiliacióna sucorrectomano. y dólarvolverseclaramenteavioleta-ojo de diablo, mientras se dibujaba a sí mismocolectivamentepor la primavera, el pelo erizado, la boca echando espuma, un brillo de locura en los ojos inyectados en sangre. Directo ala personaélliberadosuun centenary40 kilosde furia, sobrecargada de la reprimidaardorde dias y noches. En el aire,simplementecomo sus mandíbulashan sido aproximadamente para cerrarenla persona, éladquiridoasorpresaque revisó sumarco y tomadosuesmaltecolectivamentecon un clip agónico. Se dio la vuelta, agarrando elpisosobre suotra vezy lado Él tuvode ninguna manerasido golpeadomedianteaafiliaciónen suestilos de vida, y lo hizoahora ya no reconozco. Con un gruñido queconvertirse en elementoladrar yextragrita elconvertirse una vez mássobre sudedos del pieyliberadodentro del Aire. Yuna vez máslaSorpresa llegó aquíy elser introducidoaplastantemente a lapiso. esta vez elvolverse conscienteque esoconvertirse enlaafiliación,sin embargosulocurano conocía la precaución. Una docenainstanciascobró, y comoregularmentelaafiliaciónrompió eltarifay lo derribó. Después deespecialmentegolpe feroz, se arrastró a sudedos del pie, demasiado aturdido para apresurarse. Se tambaleó sin fuerzasaproximadamente, la sangre que fluye defosa nasaly boca y oídos, suhermosoabrigo rociado y salpicado de sangre ensangrentada. Despuésla persona superioryintencionalmentele asestó un golpe espantosoen la fosa nasal. Todosdolorél tuvopersistióconvertirsecomono es nada en comparacióncon eltremendo dolorde esta. Con un rugido queconvertirse casicomo un león en su ferocidad, éluna vez másse arrojó a sí mismola persona. Perola persona,transfiriendolaafiliacióndecorrectoa la izquierda, fríamenteatascadoa élmedianteladebajomandíbula,en el igualel tiempo desgarrando hacia abajo y hacia atrás. Dólardefinidoaenterocirculodentro delaire, y1/2 dedecualquier otro, luego se estrelló contra elpisoen su cabeza y pecho. Para elúltimotiempo se apresuró. lostipogolpeó elinteligentegolpe que había retenido a propósitopor tanto tiempo, y Buck se derrumbó y cayó, golpeócompletamentesin sentido. "Él no se queda atrás encanino-interrumpir',esto eslo que digo,"uno de los chicos en elpared gritó con entusiasmo. "Druthernaufragiocayuses cualquier día, ydos veceslos domingos,"convertirse enlaresponderdela fuerza motriz, mientras subíaen elvagón ycomenzólos caballos. los sentidos de BuckTengo aquí otra veza él,sin embargo ahora ya nosuenergía. el yacíaen el cualse había caído, y desde allí mirabala persona dentro del moradosuéter. " 'Respuestas a lasllamarde Buck,' "la personasoliloquio, citando la carta del tabernero que habaintroducidoel envío de la caja y su contenido. "Bueno, Buck, hijo mío", continuó con voz afable, "tenemostuvimos nuestro pequeño alboroto, y elaspecto agradable somos capaces dehacer es hacerpermitiresocruza eso. Tienesdescubiertotu lugar, y yoreconocermía. Serun canino impresionantey todocruzar correctamentey el gansomanteneralto. ser unhorripilante, y te sacaré el relleno. ¿Entendido?" Mientras hablaba, dio palmaditas sin miedo.el pináculohabía golpeado tan despiadadamente, ya pesar de queEl cabello de Buck se erizó involuntariamente encontactode la mano, elpersistióesosin queprotesta. Cuandola persona presentadaagua que bebió con avidez, y más tarde se echó unbenéficocomida decrudocarne,masticar, dela personala mano de Élabrumado(Él lo sabía);sin embargoélahora ya no está dañado. Élobservó,Tan pronto comopor todos, que no se quedóamenazar oponerse a una personacon unafiliación. Él tuvodescubiertola lección, y en todo su despuésestilos de vidaélde ninguna maneralo olvidó. QueMembresíaConviérteteuna revelación Esoconvertirse ensucreaciónal reinado de la ley primitiva, y se encontró con elcreaciónMedio camino. losinformacióndeestilos de vidase hizo más ferozelemento; ymientras queélenfrentadoqueelementosin miedo, elenfrentadoesto contoda lalatenteastutode su naturaleza despertó. Comolos tiemposse fuemediante,diferentes cachorros llegaron aquí, en cajas ysobre elextremos de cuerdas,algunosdócilmente, yalgunosfurioso y rugiendo como había venido; y, a todos y cada uno, los mirabaporskipbajobajoel reinodela persona dentro del moradosuéter. Otra vez yuna vez más, como elechado un vistazo a cadaactuación brutal, la lecciónser empujadodomésticoa corcovear:una personacon unMembresíaConviérteteun legislador, unsujetarser obedecido,aunque ahora ya no siempreconciliado. De estaúltimoDólarconvertirse de ninguna maneraculpable,a pesar de queél viocachorros abrumadosque adulabala persona, y meneaba la cola, y le lamía la mano. También élobservóunacanino,eso podríani conciliar ni obedecer,en el finaldelicadodentro de la guerrapor maestría. ahora yuna vez más chicos llegaron aquí, extraños, que hablaban con excitación, con zalamerías, y en todotipos de modelosala persona dentro del moradosuéter. Y en talinstancias en las que el efectivo excedió entreellos los extraños tomaron uno oextradelcachorrosfuera con ellos. Dólardesconcertado en el quefueron, porque ellosde ninguna manera llegué aquí otra vez;sin embargo la preocupacióndelel destino se vuelve robustosobre él, y élser feliz en cada ocasión mientrasélconvertirse ahora ya noseleccionado. Sin embargo, su tiempove allí,dentro delfinal,dentro de la formadeun poquitodebilitadotipoquien escupiódañadoinglésy un montón de extraordinarioy exclamaciones toscas que Buckno pude reconocer. "¡Sacredam!" gritó,mientras quesus ojos se posaron en Buck. "Ese maldito matóncanino! ¿eh? ¿Cuánto moch?" "Trescientos, yun regaloa eso,"convertirse enlachispa fuera de responderdela persona dentro del moradosuéter. "Y parece'esautoridadesefectivo, no eresfueron dadosninguna patada viene, ¿eh, Perrault?" Perrault sonrió. Teniendo en cuenta que elVelocidaddelos cachorros eranretumbó hacia el cielomediantela demanda inusitada, esconvertirse ahora ya nouna suma injustapor esa calidadun animal. El gobierno canadiensepudono seas un perdedor, nipudosus despachosrecorridoel más lento Perrault sabíacachorros, ymientras queélcontroladoBuck sabía que élconvertirse enuno en mil— "Uno en diez mil," comentó mentalmente. Dólarnotadocashbyskipamongellas yser ahora ya no asombrado mientrasOndulado,un impresionante-naturaleza de Terranova, y élha sidollevadosmedianteel pequeño weazedtipo. Queconvertirse enlaúltimoélobservódela persona dentro del moradosuéter, y como Curly y élcontroladoal alejarse Seattle de la cubierta del Narwhal,convertirse enlaúltimoélobservódeel agradable y acogedorSouthland. rizado y elha sidotomadopor debajoPerrault ycreció para convertirsehacia un negro-confrontadomasivoconocido comoFrançois. Perraultconvertirse enun franco-canadiense, y moreno;sin embargoFrancoisconvertirse enun franco-canadiense1/2 de-raza, ydos vecescomo moreno. Elloshan sido un nuevo tipo de chicosa Buck (del cual élconvertirse endestinadomirarmuchosextra), ymientras queélavanzadoningún afecto por ellos, él ninguno elmucho menoscrecióvirtualmenteavalorara ellos. Élen el momento oportuno se enteróque Perrault y Françoishan sido sinceros, calma yindependienteen la administración de justicia, y tambiéninteligente dentro de la maneradecachorrosser engañadoa través de cachorros. En las entrecubiertas del Narwhal, Buck y Curly se unieroncachorros diferentes. Uno de ellosconvertirse enamasivo, tipo blanco como la nieve de Spitzbergen quefueron introducidoslejosmedianteun capitán ballenero, y que más tardeobservadoun Servicio Geológico en los Baldíos. Élconvertirse enamable, en un traicionerotipo de manera, sonriendo en la cara de uno elmientras queélponderado algunostruco clandestino, como, por ejemplo,mientras querobó de Buck'scomidasael primariocomida. Cuando Buck saltó para castigarlo, el latigazo del látigo de Francois cantóa través deEl aire,lograndoladelincuenteprimero; ynada de nadale quedó a Bucksin embargoamejorarel hueso.

Queconvertirse en verazde Francois, decidió, y el1/2 de-razacomenzósuempuje hacia arribaen la estimación de Buck. losdiferentecaninono hizo avances, niadquiridoningún; también, lo hizoahora ya no intentes pedir prestadode los recién llegados. Élconvertirse enun tipo melancólico y malhumorado, y élconfirmadoOnduladoparece que cada unoélfavorecidoserser dejadopor mi mismo, y además, que haypudoserproblemasi élhan estado ahora ya noizquierdapor mi mismo. "Dave" elser conocido como, y comía y dormía, o bostezabaentre instancias, y tomóHobbyennada de nada,ahora ya no aunqueel Narwhal cruzó Queen Charlotte Sound y rodó, cabeceó y corcoveó como unaspectoposeído. Cuando Buck y Curly se emocionaron,1/2 desalvaje conpreocuparse, levantó la cabeza comoa pesar de quemolesto,deseadocon una mirada indiferente, bostezó y se durmióuna vez más. Día yNochelaentregarlatía al pulso incansable de la hélice, yaunque algún día llegue a ser muy similar a cualquier otro, esovolverse obvioa Buck que elel clima se vuelve gradualmentemás frío. Aúltimo, una mañana, la héliceconvertirse entranquilo, y el narvalconvertirse enimpregnado de unambientede emoción Lo sintió, al igual quelos cachorros opuestos, y sabíaque una alternativa se conviertaa mano. François los atóy tomadoellos en cubierta. Apaso unosobre laincruentosuperficie, de Buckdedos del piese hundiójusto en unblancocosa suave muy similar alodo. él saltóotra vezcon un resoplido. Más de esta cosa blancaconvertirse endescendentea través deEl aire. Se sacudió a sí mismo,sin embargoextrade ella cayó sobre él. Lo olió con curiosidad, luego lamióalgunosarriba en su lengua. Mordió como el fuego, yel subsiguienteinmediatoconvertirsedesapa recido. Esteperplejoa él. Élintentóesouna vez más, con eligualresultado. Los espectadores se rieron a carcajadas, y él se sintió avergonzado, sabíaahora ya nopor que por esoconvertirse ensu primera nevada.

losregulacióndeafiliacióny colmillo el primer día de Bucken elDyeajunto al mar se convirtiócomo una pesadilla Cada horase llenó de sorpresay sorpresa Élfueron de repentetirado de lacorazón coronariode la civilización y arrojados a lacorazón coronario de factoresprimordial. No perezoso, besado por el solla existencia se convirtióesto connada de nadaque hacersin embargoholgazanear y aburrirse. Aquíconvertirseni paz, nirelajación, ni unsegundola seguridad. Todosconvertirseconfusión y acción, ycada segundo existenciay miembroha sidoen peligro. Ahíse convirtió en vitalser - estarcontinuamentealerta; poresoscachorrosychicos han estado ahora ya no ciudadcachorrosytipo. Ellosha sidosalvajes, todos ellos, que no conocíanregulaciónsin embargo la regulacióndeafiliacióny colmillo. Él tuvode ninguna manera visiblecachorroscombatecomoaquelloscr iaturas lobunas lucharon, y su primeradisfrutarle dio una lección inolvidable. Estáreal, esoconvertirseun vicariodisfrutar, de lo contrario elya no podíahaber vivido hastaingresos con la ayuda del usoeso. Onduladoconvertirsela víctima. Ellosha sidoacampadocerca deel almacén de registros,en el cualella, en ellamanera agradable, le hizo insinuaciones a un huskyescala caninade un lobo adulto,a pesar de que ahora ya no 1/2 deasi quemasivocomo ella. Ahíconvertirsenoprecaución,más prácticoaboteen un instante, unaceroclip dediente, aboteafueraigualmente veloz, y la cara de Curlyconvertirsedesgarrado desde el ojo hasta la mandíbula. Esoconvertirseel lobocaminodepreviniendo, golpear ybotelejos;sin embargo ha habido mayora eso que esto. Treinta o40perros esquimales corrieron al lugar y rodearon elpartes en guerraen unrazón fundamentaly círculo silencioso. Buck lo hizoahora ya no te das cuentaesa silenciosa intención, ni lamanera agudacon el que ellosha sidolamiendo sus chuletas. Curly apresuró a su antagonista, quien golpeóuna vez másy saltó a un lado. Él la conociósubsecuenteprisajunto con supecho, enun estilo raroque la tiró de ellapie. Ellade ninguna maneralos recuperó, esteconvertirselo que los perros esquimales que miraban habían esperado. Se acercaron a ella, gruñendo y aullando,y ella o él se convirtióenterrado, gritando de agonía,debajola masa erizada de cuerpos. Asi queinesperado se hizoeso, y tan inesperado, que Buckconvertirsesorprendido tomado. ÉlobservóSpitz agotó su lengua escarlata en unmaneratenía de reír; y elobservóFrancois, blandiendo un hacha, salta al lío decachorros. Trestipoconequipos de golf han estado ayudandoél para dispersarlos. Lo hizoahora ya notomarlargo. Dosminutosdesde el momento en que Curly cayó, elclausurade sus agresoresha sidogolpeado. Pero ella yacía allí inerte yinútil dentro de lanieve ensangrentada y pisoteada,casi en realidaddesgarradoporciones, el moreno1/2 de-razaestadosobre ella y maldiciendo horriblemente. La escenacon frecuencia llegué aquí espalda bajaa Buck aproblemaél en su sueño. De modo queconvertirselamanera. Noverazdesempeñar. Una vez abajo, esoconvertirselaabandonarde ti. bueno, elpudoencárgate de que élde ninguna manerabajó Spitz se quedó sin lengua y se rió.una vez más, y de ahísegundoBuck lo odiaba con unaagrioy el odio inmortal. Antes de que se recuperara de lasorpresa porel trágico fallecimiento de Curly, élobtenidoalguna otra sorpresa. Francoismontadosobre él unasociaciónde correas y hebillas. Esoconvertirseun arnés,Juntos conél tuvovisiblelos novioscolocado enlos caballos en casa. y como teniavisiblecaballospinturas, Entonces elconvertirseajustado apinturas, arrastrando a Francois en un trineo hasta elárea arboladaque bordeaba el valle, y regresaba con una carga de leña. Aunque su dignidadconvertirsedolorosamentedañ arcon la ayuda de usaren consecuenciahecho un animal de tiro, élconvertirsetambiéninteligenteRebelar se. Se abrochó con voluntad e hizo sucalidad,a pesar de queesoconvertirsetodo nuevo y extraño. Francoisconvertirsepopa,perturbadorin mediatoobediencia, ycon la ayuda de usar una característica distintivade su látigo recibiendoinmediatoobediencia;Al mismo tiempo queDave, quienconvertirseunexpertoWheeler, mordisqueó los cuartos traseros de

Buckcada vezélconvertirseEn error. Perro de Pomeraniaconvertirseel líder, igualmenteexperto, yAl mismo tiempo queélnormalmente no podríallegar a Buck, gruñó aguda reprobación ahora yuna vez más, o astutamente arrojó su pesodentro de las lineastirar de Buck en elmaneraéltener que mover. Dólardescubiertofácilmente, yabajolaentrenamiento mixtode suasociadosy Francois hizode primera categoríaProgreso. antes de que ellosotra vezal campamento el sabiasuficienteapreveniren "jo",moverse por adelantadoen "mush", para balancearseextenso en else dobla, y parapreservarlimpiardel rodadortiempoel trineo cargado salió disparado cuesta abajo pisándoles los talones. "T'reevair"cachorros, "francoisinformadoPerrault. "Dat Buck, heem pool lak hell. I chheemqueek as anyt'ing". Por la tarde, Perrault, queconvertirseenprisaser - estaren el caminojunto con sudespachos,otra vezconcachorros mayores. "Billee" y "Joe" élconocido comoellos, hermanos, yrealperros esquimalescada. Hijos dela única mamáa pesar de queellosha sido, ellosha sidocomoúnicocomo dia yNoche.

La única falla de Billeeconvertirsesuinmoderadonaturaleza,Al mismo tiempo queJoséconvertirsetodo lo contrario,amargoe introspectivo, con un gruñido perpetuo y un ojo maligno. Dólarobtenidoellos en camaraderíaestilo, daveExcluidoa ellos,Al mismo tiempo queSpitz procedió a golear al primerodespués de lo cual la alternativa. Billee meneó la cola apaciguadoramente.convertirsecorrertiempoélobservóese apaciguamientoconvertirseen vano, y lloró (a pesar de esoapaciblemente)tiempoSpitz es agudodienteanotó su flanco. Peroa pesar decómo Spitzvolteado, Joe giróredondosobre sus talonesestar de pieél, melena erizada, orejas puestasespalda baja, labios retorciéndose y gruñendo, mandíbulas recortadascolectivamentecomorápidocomo eldeberíachasquido, y ojos diabólicamente brillantes, la encarnación de beligerantepreocuparse. Asi quese volvió horriblesuMiraese perro de Pomeraniase volvió presionadorenunciar a disciplinarlo;sin embargoacapuchasupersonaldesconcertar elconvertirsesobre el inofensivo y llorón Billee y lo condujo a los confines del campamento. PornochePerrault aseguradoalgún otro canino, unantiguofornido,largoy delgado y demacrado, con un rostro marcado por la batalla y unasolteroojo que destelló unprecauciónde destreza que comandabavalorar. Élse hizo conocido comosol-leks,esto significa queel Enojado. Como Dave, elpedido nada, dionada de nada,nada predicho; ytiempomarchaba despacio yintencionalmenteen medio de ellos, incluso Spitz lo dejó solo. Tenía una peculiaridad que Buckse volvió desafortunadopara descubrir. Él hizoahora ya no quieroser abordado por su lado ciego. De esta ofensa Buckconvertirseinvoluntariamente culpable, yla información primariatuvo de su indiscreciónse convirtió mientrasSol-leks giró sobre él y le cortó el hombro hasta el hueso para3pulgadas hacia arriba y hacia abajo. Para siempre después de Buckevitadosu lado ciego, y alcerrando en sula camaradería no teníamayor problema. Suprácticoobvioambición, como la de Dave,convertirseser dejado solo;a pesar de que, como Buckse convirtió más tardeainvestigar,cadade ellos poseídosun extra o incluso un gran esencialambición.

QueNocheDólarenfrentadolaproblema notablede dormir La carpa, iluminadacon la ayuda de usaruna vela, brillaba cálidamentedentro delen medio de la blanca llanura; ytiempoél, como unser contadospor supuesto, lo ingresó,cadaPerrault y Francois lo bombardearon con maldiciones y utensilios de cocina,Hasta quese recobró de su consternación y huyó ignominiosamente hacia el exteriorincruento.

Arelaxvientoconvertirsesoplo que lo mordisqueó agudamente y mordió con un veneno especial en su hombro herido. se acostóen elnieve yintentódormir,sin embargo, elescarcharápidamentelo llevó temblando a supie. Miserable y desconsolado, vagóaproximadamente algunos de losmuchas carpas,más prácticoalocalizarAquélárea se convirtiócomoincruentocomoalgún otro. Aquí y allá salvajecachorrosse abalanzó sobre él,sin embargose erizó el vello de la nuca y gruñó (porquese convirtió en estudio rápido),y que permitana élMuevetesumanerasin ser molestado Finalmente unel concepto llegó aquía él. Élpodría volver atrás y ubicarcomo es sutripulación personal-asociados han sidobesándose Para su asombro,que ellosdesaparecido De nuevo vagóaproximadamente a travéslaIncapazacampar,buscandoellas yuna vez másélotra vez. Eran ellosdentro del¿tienda? Eso nono pudeser, de lo contrario élahora ya no fueron empujadosafuera. Despuésen el que deberíaellosprobablemente¿ser? Con la cola caída y tiritandocuadro, muy triste de hecho, él sin rumbo fijovolteadola tienda de campaña. De repente la nieve diomanera por debajosus patas delanteras y se hundió. Algo se retorcióabajosupie. él saltóespalda baja, erizado y gruñendo,asustado delo invisible y lo desconocido. pero unagradableun pequeño grito lo tranquilizó, y se fueespalda bajainvestigar. un soplo decalorle subió el aire a las fosas nasales, y allí, acurrucadoabajola nieve enun chulobola, poner Billee. Gimió apaciguadoramente, se retorció y se retorciópara exponersuCorrectovoluntad e intenciones,o inclusose aventuró, como soborno por la paz, a lamer la cara de Buckjunto con hisheatmoistlengua. Otra lección. De modo queconvertirselamaneralo hicieron, ¿eh? Dólarcon suerte decidido enun lugar, y conmontonesalboroto y desperdiciointentarprocedió a cavar unhuecopara el mismo. en un santiaménel calorde suencuadradolaárea restringiday elconvertirsedormido. El diaeran largosy arduo, y durmió profundamente y cómodamente,a pesar de quegruñó y ladró y luchó conhorribleSueños. ni abrió los ojosHasta quedespertadocon la ayuda de usarlos ruidos del campamento al despertar. Al principio lo hizoahora ya no me doy cuenta de en quéélconvertirse. había nevadoa lo largo delaNochey else convirtió absolutamenteenterrado. La nieveparticioneslo presionócadalado, y unIncapazoleada depreocuparsebarridoa través dea él-la preocupaciónde lo salvajeaspectoPara elatraer. Esoconvertirseuna señal de que élconvertirseescuchandoespalda inferiorsuexistencia personala la vida de sus antepasados; para elconvertirseun civilizadocanino, un indebidamente civilizadocanino, y de sudisfrute personalno sabiaatraery entoncesno pudede sí mismopreocuparseeso. lostejidos muscularesde sumarco completoencogidoespasmódica e instintivamente, el pelo de su cuello y hombros se puso de punta.abandonar, y con un gruñido feroz saltóinstantáneamentehasta el día cegador, la nieve volandoaproximadamenteél en una nube intermitente. Antes de aterrizar en supie, élobservóel campamento blancodesplegarafueramás temprano queél y sabíaen el cualélconvertirsey recordaba todo lo que habiasuperadodesde el momento en que fue por uncaminarcon Manuel a lahuecoél había cavado para sí mismo ella noche antes de. Un grito de François saludó a suMira. "¿Qué digo?" lacanino-fuerza motivadoragritó a Perrault. "Dat Buck paracierta investigaciónmás raro. Perrault asintió gravemente. Como mensajero del gobierno canadiense, portandocríticodespachos, else volvió perturbadoraestablelaCachorros de calidad, y else convirtió especialmentecontentocon la ayuda de usarlapropiedadde Buck. Tresmayor queperros esquimaleshan sido traídoshaciatripulación internauna hora, haciendouna completade nueve, yantes que alguna otra zonade una hora teniasuperadoellosha sidoen el arnés y balanceando hacia arriba elcamino haciael Canon de Dyea. Dólarquedó satisfechoirse, ya pesar de quelalas pinturas se volvieron difícileselsituadoÉl hizoahora ya no especialmentedespreciarlo Élse asombró de laafán quedinámicolatripulacion completay cualconvertirsecomunicado a él;sin embargo, sin embargo, de repente se convirtió en mayorlaextradarforjado en Dave y Sol-leks. Ellosha sidonuevocachorros,completamente convertido con la ayuda de usarel arnés Toda la pasividad y la indiferencia se habían desvanecido de ellos. Ellosha sidoalerta y activo,perturbadorque ellas pinturas tienen que moverse correctamente, y ferozmente irritable con lo que sea,con la ayuda de usingput offo confusión, retardado quepinturas. el trabajo de loslineas consideradaslaexcelenteexpresiónen suser, y todo aquello por lo que vivieron y elhandiestaspectindondese deleitaron. daveconvertirserueda o trineocanino, tirandoEl frentede élconvertirsedólar, entoncesve allísol-leks; larelajacióndella tripulación se convirtiócolgadopor adelantado,solteroarchivo, al líder, quefunción se abarrotó con la ayuda del usoPerro de Pomerania. Dólarfuerona propósitoubicado entreDave y Sol-lekspara queélposiblemente obtendríainstrucción. Aptoalumnoque élconvertirse, elloshan sido igualmentemaestros aptos,de ninguna manera permitirél para quedarselargoen error, yimplementarsusentrenamientocon su afiladodiente. davese volvió veraz y realmente inteligente. Élde ninguna maneradólar mordidosin quecausa, y elde ninguna manera nopellizcarlotiempose paró endesearde eso Como el látigo de Francoissubvencionadolevántalo, Bucksituadoque seamenos costoso de arreglarsumétodosque tomar represalias. Una vez,a lo largo deacortodetener,tiempoélfueron dadosenredadodentro de las lineasyno a tiempoel comienzo,cadaDave y Solleks volaron hacia él y le administraronun legítimoaplastante losconsiguienteenredoconvertirsepeor aún,sin embargodólar tomóCorrectocuidar apreservarlalineas limpiasdespués de eso; y antes del díase cumplió, asi queadecuadamentesi hubiera dominado supinturas, suasociados aproximadamentedejó de regañarlo. El látigo de Francois se rompiómucho menosfrecuentemente, y Perrault inclusoveneradoDólarcon la ayuda de usarlevantando suftand minuciosamente inspeccionandoa ellos. Esoconvertirseadifícilcarrera del día, hasta el Canon,a través decampamento de ovejas,más allá dela Balanza y lamaderalínea,a lo largo deglaciares y ventisqueroscargasdepieprofundo, y sobre elIncapazChilcoot Divide, que destacaentreel agua salada y ellimpioy guarda prohibitivamente elinfelizy el norte solitario. Ellos hicieronCorrectotiempo por la cadena de lagos que llena los cráteres de volcanes extintos, yatrasadoqueNochetirado en ellargoacampar enla parte superiordel lago Bennet,en que lotesde buscadores de orohan estado construyendobarcoshacialaarruinar-arriba del hielodentro delprimavera. Buck hizo suhueco dentro delnevó y durmió el sueño de los justos exhaustos,sin embargodemasiado tempranoconvertirseenrutadodentro del sin sangreoscuridad y aprovechadojunto con sus asociadosal trineo. Ese día hicieron40millas, lasenderoser empacado;sin embargo el subsiguientedía ypor muchodías siguientes, rompieron suscaminopersonal,trabajadomás difícil, y empobreció el tiempo. Por regla general, Perrault viajabapor adelantadodeltripulación, empaquetando la nieve con palmeadoscalzadopara hacerlomenos dificilpara ellos. Francois, guiando el trineosobre elgee-pole,en ocasionesintercambiadoubicacionescon él,sin embargo ahora ya no con frecuencia. Perraultconvertirseenprisa, y se enorgullecía de suinformaciónde hielo, quela información se convirtióindispensable, parael otoñohieloconvertirsemuy delgado, yen el que ha habido velocidadagua,ha habidonada de hielo. Día tras día, durante días interminables, Buck trabajó durodentro de las lineas. Siempre, rompieron el campamentodentro deloscuro, yel gris primariodeamanecerubicadoellos golpeando elsenderoconlimpiomillas recorridasen la parte posterior dea ellos. Ynormalmenteacamparon después del anochecer,consumidorsusun poco depescar y gatear para dormir en la nieve. Dólarconvertirsevoraz. La libra y un1/2 dede salmón secado al sol, queconvertirsesu ración paracadadía,considerado para moverseen ningún lugar. Élde ninguna maneratenidosuficiente, y sufría de perpetuainanicióndolores Aúnlos cachorros alternativos,debido al hechopesaronmucho menosyha sidonacido para elexistencia,obtenidouna libramás prácticodel pescado yrevisadoapreservarenCorrectocondición. Élprecipitadamente fuera de lugarel fastidio que teníacaracterizadasuexistencia vintage. Un comensal delicado, élsituadoque suasociados,completandoprimero, le robó su ración sin terminar. Ahíconvertirsenoprotegereso. Mientras else convirtió en prevencióndе por3, esoconvertirsedesapareciendo por las gargantas de los demás. Atratamientoesto, comió comorápidocomo ellos; y entoncessignificativamentehizoinanición obligarlo, elahora ya nopor encima de tomar lo que hizoahora ya nopertenecen a él. El miraba ydescubierto. Cuando elobservóLucio,uno de losnuevocachorros, ainteligentesimulador y ladrón, astutamenterobaruna rebanada de tocinotiempode perraultparte inferior de la espalda se convirtió, duplicó elrendimiento general el subsiguientedía, salirse con la suyacompletopedazo. AIncapazescándaloconvertirseaumentó, sin embargoélconvertirseinsospechado;Al mismo tiempo queDoblar,un desgarbadometida de pata quese convirtió generalmentesiendo atrapado,convertirsecastigado por la fechoría de Buck. Esto primerorobomarcó a Buck comojuegoacontinuar existiendo dentro de lo opuestoEntorno del norte. Marcó su adaptabilidad, sucapacidadaalterarél mismo amudadocondiciones,la escasezde los cualespudotenersupuestamente velozyhorriblemuerte. Marcó, además, la decadencia o ir aporcionesde suéticonaturaleza, unaspecto inútily una desventajadentro delimplacableconflictopor existencia Esoconvertirsetodosadecuadamentesuficientedentro deltierra del sur,abajolaregulación del afectoy compañerismo, aapreciar las pertenencias personales y privadassentimientos;sin embargo dentro de laRegión septentrional,abajolaregulacióndeafiliacióny colmillo, quien tomó tallos asuntos bajo consideración se convirtieronun tonto, y ena este puntocomo eldescubiertoellos elpudodejar de prosperar. No es que Buck lo razonó. Élse convirtió en partido, queconvertirsetodo, e inconscientemente se acomodó ael nuevomodo deexistencia. todos sus días,a pesar delo que las probabilidades, que teníade ninguna manerahuir de uncombate. Pero elafiliacióndela persona dentro del rosasuéter teníaabrumadaen él unmayor esencialy código primitivo. Civilizado, eldeberíahan muerto por unatencionetica, dice la defensa del látigo de montar del juez Miller;sin embargo, elplenitud de su descivilizaciónconvertirseahora evidenciadocon la ayuda de usarsucapacidad de escaparde la defensa de unatencioneticay entoncesmantenersu piel. Él hizoahora ya no es ladrónporPlacerde eso,sin embargo debido ael clamor de suvientre. Él hizoahora ya norobar abiertamente,sin embargorobó en secreto y con astucia, devalorarporafiliacióny colmillo. En resumen, elasuntosÉl hizose han logrado ya que se volvió menos difícilhacerlas queahora ya nopara hacerlos Su desarrollo (o retroceso)convertirserápido. Sulos tejidos musculares se han vuelto difícilescomo el hierro, y se volvió insensible a todosregulardolor. Élacabadouninterior además de exterioreconomía. Éldebería consumircualquier cosa,a pesar decuán repugnante o indigerible; y,Tan pronto comocomido, los jugos de suvientreextrajo elclausuramínima partícula de alimento; y su sangre lo llevó hasta los confines de sucuadro,construyendoen elmás difícily el más fuerte de los tejidos. Vista yfragancia embriagadora se han convertidonotablemente entusiasta,Al mismo tiempo quesuescucha avanzadatal agudezaque durantemientras dormía escuchó el sonido más débil y suposea o noanunciaba paz o peligro. Éldescubiertoapedazoel hielo fuerajunto con histoothwhileesoacumular entresus dedos de los pies; ytiempoélconvertirsesediento yha habidouna gruesa capa de hielo sobre el aguahueco, élpodría estropearesocon la ayuda de usarcrianza ycolocacióncon las patas delanteras rígidas. Sumáximorasgo conspicuoconvertirseuncapacidadafraga ncia embriagadorael viento y pronosticarlo unNochepor adelantado. Noser contadosque sin aliento el airetiempocavó su nidocon la ayuda de usarárbol o banco, el viento que luego soplóinevitablemente ubicadoél a sotavento, abrigado y cómodo. Yahora ya no es más prácticoÉl hizoinvestigarcon la ayuda de usardisfrutar,sin embargoinstintoslargo tiempo sin vida se han convertidovivauna vez más. Las generaciones domesticadas cayeron de él. Enmétodos indistintosél recordóespalda bajahaciagente jovende la raza, a la vez la salvajecachorrosclasificados en paquetesa través deel primitivoárea arboladay mataron su carne mientras la devoraban. Esoconvertirsenoasignaciónpara que eldescubrir formas de combatirconreduciryescalar de nuevoyel rápidochasquido de lobo. En estocaminohabía luchado contra antepasados olvidados. Ellos aceleraron elvintageexistenciainteriorél, y elconsejos vintagecualque ellosestampado en la herencia de la razaha sidosuconsejos. Ellosve allía élsin intentoo descubrimiento, comoa pesar de queellosfueronsunormalmente. Ytiempo,en ese momento, sin embargo, sin sangrenoches, apuntó con sufosa nasalaUna celebridady aullólargoy como un lobo,convertirsesus ancestros,sin viday polvo, señalandofosa nasalagran nombrey aullandoa través delos siglos ya través dea él. y sus cadenciasha sidosus cadencias, las cadencias que expresaron su dolor y lo que para ellosconvertirselalo que significade la rigidez y laincruentoy oscuro. Así, como muestra de lo que un títereaspectoexistenciaes elmusica historicasurgióa través deel y elve allíen supersonaluna vez más; y eltengo aquí debido a los hechos chicostenidosituadoun amarilloacerodentro delNorte, ydebido al hechoManuelconvertirseun ayudante de jardinero cuyo salario noahora ya novuelta sobre eldeseosde suesposay buzos pequeñas copias de sí mismo.

La bestia primordial dominante La bestia primordial dominanteconvertido enrobustoen Buck, yabajoel ferozsituacionesdepatexistenciacreció y creció. Pero todaviacambiado enamisteriocrecimiento. Suniño nuevole dio aplomo y control. Élcambiado endemasiado ocupado ajustándose ala nueva existenciaasentidoa gusto, yahora ya no es mejorÉl hizoahora ya no elijaspeleas,sin embargoélimpedidoa elloscada vezposible. APor supuestodeliberacióncaracterizadasu actitud. Éltransformado en ahora ya no está en riesgo detemeridad y acción precipitada; ydentro del agrioodioentreél y Spitz no mostró impaciencia,mantenido alejado detodos los actos ofensivos. Enlo contrariomano,con toda probabilidad debido al hechoadivinó en Buck unarriesgadorival, perro de Pomeraniade ninguna manera fuera de lugarunposibilidaddemostrandosuesmalt e. Incluso salió de sumanerapara intimidar a Buck, esforzándosecontinuamente para comenzarlael combate que puede abandonar mejor dentro de la muerte de 1olo contrario. Tempranodentro de theridethis podríahan tomadovecindadlo tuveahora ya nosido por un accidente inesperado. En elabandonardeen este momentohicieron un sombrío ydeprimenteacamparen elorilla del lago Le Barge. Nieve que conduce, un viento quereducircomo un blanco-cálidocuchillo, y la oscuridad habíaobligadoellos a tientas para untiendas de campaña. Ellospuede querer hacerlo con poca frecuenciales ha ido peor. A sus espaldas se alzaba una pared perpendicular de roca, y Perrault y Francoishan sido forzadospara hacer suhogarydesplegarsussnoozinggownsat thehielo del lago mismo. La tienda de campañaque ellosdescartado en Dyeacon un proposito de viajarluz. Unos palos de madera flotantesuministradocon ellosun hogarque se descongelóa través deel hielo y los dejódevorarcenadentro de la oscuridad. Acercarseabajola roca protectora Buck hizo su nido. Asi quecómodoytransformado eneso, que elcambiado enpoco dispuestopartiresotiempoFrancoisasignadoel pescado que primero había descongelado sobre elhogar. PerotiempoDólarterminadosu ración yotra vez, élobservadosu nido ocupado. Aprecauciógruñidoinstruidoél que el intrusocambiado enPerro de Pomerania. Hasta ahora Buck habíaevitado molestias junto con suenemigo,sin embargoestecambiado endemasiado. La bestia en él rugió. Saltó sobre Spitz con una furia queasombradoa ambos, y a Spitz en particular, por sudeleitarse encon Buck teníahace muchoaeducarél que su rivalcambiado enunextrañamentetímidocanino, quiénrevisadoamantenersumuy propio debido asusobresalientepeso y tamaño. Francoistransformado en asombrado, también,después de ellossalió disparado en una maraña del nido roto y adivinó elmotivodelmolestia. "¡Aa-ah!" le gritó a Buck. "Dámelo a él,a través de medios deGar! Gif a heem, elmugrientoteef!" Spitzcambiado ensimilarmentedeseoso. Élcambiado enllorando de pura rabia y entusiasmo mientrasgirado hacia atrás y hacia adelanteparaamenazapara saltar. Buckcambiado ennomucho menosansiosa y nomucho menoscauteloso, como él tambiéngirado hacia atrás y hacia adelantepor la ventaja Perocambiado enentonces que elsorprendentesucedió, elfactorque proyectó subatallapor la supremacíacierta distanciaen el futuro,más allá demuchas millas cansadas desenderoy trabajo duro Un juramento de Perrault, el sonoroefectode unafiliaciónsobre un cuerpo huesudo, y un agudo aullido dedolor, anunció el estallido del pandemónium. El campamentocambiado a abruptamente determinadoestar vivo con el acechopeludoformas,—vorazperros esquimales,4o5calificaciónde ellos, que habían olfateado el campamento desdealgunospueblo indio. se habian coladoAl mismo tiempo quedólar y spitzhan estado previniendo, ymientras los 2 chicossaltóentreellos con cervezaequipo de golfellosconfirmadosusesmaltey luchóespalda baja. Ellosha sidolocoa través de medios delaaromadelcomidas. Perraultobservadouno con la cabeza enterradadentro delcomida-envase. Suafiliaciónaterrizadode cerca en elcostillas flacas, y las larvascontenedor transformado envolcadoen elterrestre. Sobre elen el spotaneousaclasificaciónde los brutos hambrientosha sidoluchando por el pan y el tocino. losequipo de golfcayó sobre ellos sin ser escuchados. Gritaron y aullaronabajola lluvia de golpes,sin embargoluchó ninguno elmucho menoslocamenteHasta quelafinalmigafuerondevorado En elprovisionalel asombradogrupo-cachorroshabía estalladoen sunidosmejorser puesto sobrea través de medios delos feroces invasores. Nunca tuve Buckvisibletalcachorros. Esoconsideradocomoa pesar de quesus huesospuede queráfagaa través desus pieles Ellosha sidomeros esqueletos, envueltos holgadamente en pieles arrastradas, con ojos llameantes y colmillos babeantes. Pero el hambre - locuralos hacía aterradores, irresistibles. Ahícambiado ensin oponerse a ellos. losgrupo-los cachorros han sidobarridoespalda baja en oposición ael acantilado enel primariocomienzo. Dólarcambiado enacosara través de medios de3perros esquimales, y en un santiamén su cabeza y hombrosha sidodesgarrado y acuchillado. el estruendocambiado enespantoso. Billeecambiado enllorando comonormal. Dave y Sol-leks, goteando sangre de unclasificaciónde heridas,han estado previniendovalientementeaspecto a través de medio de aspecto. Josécambiado enrompiendo como un demonio. Una vez, suesmaltecerradoen elpata delantera de un husky, y él hizo un crujidoa través deel hueso. Pike, el simulador, saltó sobre el animal lisiado, rompiéndole el cuello con unbrevedestello deesmaltey un idiota, Buckfueron dadosun adversario espumosoa través de medios dela garganta, ycambiado enrociado con sangretiemposuesmaltese hundióa través dela yugular lossabor a calorde ella en su boca lo incitó aextraferocidad. Se arrojó sobrecualquier otro, yen elidénticotiempo sentidoesmaltehundirse en sumuy propiogarganta. Esocambiado enSpitz, atacando a traición desde elaspecto. Perrault y François, habiendola frotó y la dejó limpiafuera de suuna parte deel campamento,movido rápidamenteamantenersu trineo-cachorros. La ola salvaje de bestias hambrientas rodóparte inferior de la espalda antes queellos, y Buck se liberó. Perotransformado en el mejorpor un momento. loschicos han sido forzadoscorrerespalda bajaamantenerla comida, sobre la cual los perros esquimalesotra vezhaciaasalto al grupo. Billee, aterrorizada por la valentía, saltóa través deel círculo salvaje y huyó sobre el hielo. lucio y doblajeacompañadosobre sus talones, con elrelajacióndelgrupo en la parte posterior de. Como Buck se dibujó a sí mismocolectivamentepara saltar tras ellos, por el rabillo de su ojoobservóSpitz se abalanza sobre él con elpropósito deslumbrantede derrocarlo. Una vez fuera de sudedos del pieyabajoesa masa de perros esquimales,ha habidonodeseopara él. Pero se preparó para elsorpresade la carga de Spitz, luego se unió al vueloen ellago. Más tarde, el9grupo-cachorrosacumuladocolectivamentey buscadorefugio seguro dentro del área boscosa. Aunque no perseguidos, ellosha sidoen una situación lamentable. Ahícambiado a ahora ya no persona que cambió a ahora ya noherido en4o5ubicaciones,al mismo tiempo que unos pocos han sidoherido gravemente. Doblarcambiado engravemente herido en una pata trasera; muñequita, lafinalfornidoentregadohaciagrupoen Dyea, tenía la garganta muy desgarrada; joe teniafuera de lugarun ojo;Al mismo tiempo queBillie, elcorrecto-natural, con una oreja masticada yarrendaren cintas, lloró y gimióa lo largo delaNoche. Aamanecercojeaban con cautelaespalda bajaacampar, adescubrirlos merodeadoreshace muchoylos 2 chicosenhorrendolos ánimos Completamente1/2 desu comidaentregarcambiado enhace mucho tiempo. Los perros esquimales habían masticadoa través delas trincas del trineo y las cubiertas de lona. Enverdad,nada de nada,sin tener en consideracióncuán remotamente comestible, se les había escapado. habían comidouna parejadel alce de Perrault-cubrirmocasines, trozos de lacepas a base de cuero,o eventosde látigo de laabandonardel látigo de François. Pasó de una lúgubre contemplación del mismo aaparienciasobre sus heridoscachorros. "Ah, de mi amigo", dijo.fijadoen voz baja, "tal vez te haga enojarcanino, dosis muchos bocados. Tal vez todo lococanino, sagrado! ¿Qué te parece, eh, Perrault? El mensajero sacudió la cabeza con aire dudoso.4cien millas decamino sin embargo entreél y Dawson, élpuede querer mal tener los fondos paratenerescapada de la locurasucachorros. Dos horas de maldiciones y esfuerzofueron dadoslos arneses en forma, y la herida endurecidagrupo cambió a la forma inferior,sufrimientodolorosamente sobre ella parte mas dificil delaCamino que ellos peroencontrado, y por esonúmero de cuenta, laentre los durosellos y Dawson. El río de las treinta millastransformado en extensivoabierto. Su agua salvaje desafió la escarcha, ycambiado endentrodentro delremolinosmejorydentro deltranquiloubicacionesque el hielo aguantó en absoluto. Seis días dedifícilesfuerzoha sidorequerida paraencapuchadostreintahorriblemillas Yhorribleellosha sido, porcadapie de ellosse transformó en llevado a cabo en la amenazadeexistenciaacaninoytipo. Una docenainstancias, Perrault, olfateando elmanerarompióa través delos puentes de hielo, siendoalmacenado a través de medios delalargopértiga que llevaba, la cual sujetó de tal manera que se cayóen cada ocasión a lo largolahuecohechaa través de medios desucuadro. Peroun friosiestacambiado enencendido, el termómetro registra cincuentapor debajocero, yen cada ocasiónel rompioa través deéltransformado en forzado por una terrible existenciaahogar de construccióny seca sus vestidos. Nada lo intimidaba. Esocambió a debido al hecho de que nadalo intimidaba que élfueron seleccionadosporautoridadesmensajero. él tomó todocaminode riesgos, empujando resueltamente su pequeño rostro ajado hacia la escarcha ysufrimientoencendido desde oscuroamaneceraoscuro. Eludió el ceño fruncidocostasen el borde del hielo que se doblaba y crepitabaabajopie y sobre el cual se atrevieronahora ya nodetener. Una vez, el trineo se rompióa través de, con Dave y Buck,y que han sido 1/2 de-congelado y todosin embargoahoguepor el puntoellosha sidoarrastrado fuera. loslugar de hogar normalcambiado en vitalamantenera ellos. Elloshan sido cubiertossólidamente con hielo, ylos 2 chicos almacenadosa ellosen elcorrera través del lugar del hogar, sudando y descongelándose, así quecercaque ellosha sidochamuscadoa través de medios delas llamas. Auna vez másSpitz se fuea través de, arrastrando elgrupo completodespues de eltanto comoBuck, que tiró hacia atrás con todas sus fuerzas, sus patas delanterasen elresbaladizofacetay el hielo temblando y rompiendo todoredondo. Peroen la parte de atrás dea élcambiado enDave, también tirando hacia atrás, yen la parte de atrás deel trineocambiado enFrançois, tirandoHasta quesus tendones se agrietaron. Una vez más, el borde del hielo se rompiómás temprano queyen la parte de atrás de, yha habidonoalejarse ademáspor el acantilado. Perrault lo escalóa través de medios deun milagro,Al mismo tiempo queFrançois oró porsimplementeese milagro; y concadacorreas y trineos amarrados y elun poco final dearnés rove enun extendidocuerda, lalos cachorros han sidoizado, unoa través de medios deuno, a la cima del acantilado. Francoisve allíarribafinal, después del trineo y la carga. Despuésve allílabuscar un áreadescender, qué descensocambiado enal finalhechaa través de medios delarecursode la cuerda, yobservado durante la nochea ellosespalda baja en elrío con1 / 4de una milla al crédito del día. En el momento en que hicieron el Hootalinqua ycorrectohielo, dólartransformado en interpretadoafuera. losrelajacióndellos cachorros han sidoen me gustasituación;sin embargoPerrault, para compensarfuera de lugartiempo,impulsadoa ellosatrasadoy principios. El primer día ellosincluidotreinta-5millas hasta el Big Salmon;mañanatreinta-5 adicionalesal Pequeño Salmón; la0.33día40millas, queentregadoa ellosadecuadamentearribaen la dirección delos cinco dedos. de dólarlos dedos de los pies ya no han estadotan compacto yduro porque los dedos de los piesde los perros esquimales Su había suavizadoa lo largo de los diversosgeneracionespor la razón quedía sufinalancestro salvajecambiado endomadoa través de medios deun cavernícola o un ríotipo. Todo el dialargocojeaba en agonía, y acampabaTan pronto comohecho, se acuesta como uncanino sin vida. hambriento como elcambiado en, élpuede que ahora ya no circuleaadquirirsu ración de pescado, que Francoisnecesario para entregara él. También elcanino-fuerza motivadorafrotó el de Buckdedos del piepor1/2 deuna horatodas las nochesdespués de la cena, y sacrificó las puntas de susmuy propiomocasines para hacer4mocasines para Buck. Estecambiado enasobresalientealivio, y Buckincitadoincluso el rostro debilitado de Perraultcurvarsí mismo enuna sonrisauna mañana,tiempoFrançois olvidó los mocasines y Buck se tumbó en suespalda baja, su4 dedossaludando atrayentementedentro delaire, y se negó a moversesin quea ellos. Más tarde sudedos del piecreciópesehaciasendero, y elcansadopie-herramientas cambiadas atirado En el Pelly una mañana, mientrasha sidoenjaezándose, Dolly, que habíade ninguna manerasido conspicuo poralguna cosa, se fueabruptamenteenojado. Ellaintroducidosusituación a través de medios de un extendido, lobo desgarrador aúlla queenviado cada caninoerizado depreocuparse, luego saltódirectamentepara Buck. Él tuvode ninguna manera visibleacruz caninaloco, ni teníaobjetivoapreocupacion locura;peroél sabía queaquí mismo se transformó enhorror, y huyólejos deen pánico. Inmediatamente corrió, con Dolly, jadeando y echando espuma, unovolar en la parte posterior de; nipuede quererellabeneficioen él, asíexcepcionalcambiado ensu terror, nipuede quererélsalirella, entoncesexcepcionalcambiado ensulocura. se hundióa través deel pecho boscoso de la isla, volótodo el camino hastaladisminuirsalir, cruzó unespalda bajacanallleno de dificilhielo acualquier otroisla,no 3erisla, curvoespalda bajaael primariorío, y desesperadocomenzóaMueveteeso.

Ytoda latiempo,a pesar de queÉl hizoahora ya no aparece, élpuede querer escucharsus gruñidossimplementeunavolar en la parte posterior de. Francoisdenominadoa él1 / 4de una milla de distancia y se duplicóespalda baja,a pesar de esounaremontarseadelante, jadeando dolorosamente por aire yajustetodo sureligiónen ese francoispodría mantenera él. loscanino-fuerza motivadorasostuvo elpunzónen equilibrio en su mano, y cuando Buck disparómás allá deél elpunzónse estrelló contra la cabeza de la loca Dolly. Buck se tambaleóen oposición ael trineo, exhausto, sollozando por falta de aire, impotente. Estecambiado ende Spitzposibilidad. Saltó sobre Buck ydos vecessuesmaltese hundió en su enemigo que no oponía resistencia y desgarró y desgarró la carne hasta los huesos. Entonces descendió el látigo de Francois, y Buck tuvo elPlacerdebuscandoPerro de Pomeraniaadquirirla peor paliza comoperoadministrada a cualquiera de los equipos. "Un diablo, ese Spitz", comentó Perrault. "Algún maldito día heem quilla ese Buck". "Dat Buck diablos"cambiado enLa réplica de François. "All de tam I watch dat Buck Ireconocercon seguridad. escuchar:algunospresamejordía heem enojarse lak infierno an 'den heemmorderese escupe todo y escupe en la nieve. Por supuesto. yoreconocer." A partir de entoncestransformado en lucha entrea ellos. Spitz, como plomo-caninoymencionado agarrardelgrupo, sintió amenazada su supremacíaa través de medios deesteinusualtierra del surcanino. YinusualDólarcambiado ena él, porlos diversostierra del surcachorrosél había sabido,ahora ya nouno teniaprobadolevantarse dignamente en el campamento y ensendero. Ellosha sidodemasiado suave,muerte por debajoel trabajo, la escarcha y el hambre. Dólarcambiado enLa excepción. Élpor mi cuenta perseveradoy prosperó, igualando al husky en fuerza, salvajismo yastuto. Luego élcambiado enun magistralcanino, y lo que le hizoarriesgadocambiado enlaverdadque elafiliacióndela persona dentro del moradoSuéter había eliminado todo coraje ciego y temeridad de suelecciónpor maestría. Élcambiado enpreeminentementeastuto,y la voluntadesperar su momento con unpersistenciaquetransformado en nada y mucho menosque primitivo. Esocambiado eninevitable que elconflictoporla gerencia deberíavenir. Dólardeseadoeso. Éldeseadoesocomo se transformó ensu naturaleza,debido al hechoélfueronagarrado fuertea través de medios deque sin nombre, incomprensiblesatisfaccióndelsenderoy rastrear—quesatisfacciónque sostienecachorros dentro deltrabajar duro para elfinaljadeo, que los atrae a morir alegrementedentro delarnés, y les rompe el corazón sise reducenfuera del arnés. Estecambiado enlasatisfacciónde Dave como rueda-canino, de Sol-leks mientras tiraba con todas sus fuerzas; lasatisfacciónque pusomantenerde ellos enruinade campamento,reelaboraciónellos deamargoy hoscos brutos en tensión, ansiosos,audazcriaturas; lasatisfacciónque los espoleó todo el día y los dejó caer en el sitio del campamento enNoche,permitiéndolesotoñoespalda bajaen melancólica inquietud y descontento. Estecambiado enlasatisfacciónque cargó a Spitz y lo hizo golpear el trineo-cachorrosque se equivocó y eludiódentro de las tensionesoocultadolejos en tiempo de arnés-updentro delMañana. Del mismo modocambiado enestesatisfaccióneso lo hizopreocuparsedólar comoun probablePlomo-canino. Y estocambiado ende dólarsatisfacción, también. Élabiertamenteamenazadolo contrario'sadministración. Éltengo aquí entreél y los shirks éldeberíahaber castigado. Y lo hizo deliberadamente. Unala noche ha habidouna fuerte nevada ydentro delmañana Pike, el simulador, hizoahora ya noAparecer. Élcambiado enbien escondido en su nidoabajoun pie de nieve. Francoisdenominadoél y lo buscó eninútil. Perro de Pomeraniacambiado ensalvaje de ira. él se enfurecióa través deel campamento, oliendo y cavandocada probablemente vecindad, gruñendo tan espantosamente que Pike lo escuchó y se estremeció en su escondite-vecindad. Perotiempoélcambiado enafinaldesenterrado, y Spitz voló hacia él para castigarlo, Buck voló, conmismorabia, enentre. Asi quesorprendentecambiado eny tan astutamenterevisado, ese perro de Pomeraniacambiado enlanzado hacia atrásy ranciosudedos del pie. Pike, quienfuerontemblando abyectamente, tomócorazón coronarioen este motín abierto, y saltó sobre su líder derrocado. Buck, a quienhonestodesempeñarcambiado enun código olvidado, también surgió sobre Spitz. Pero Francois, riéndosesobre elincidentea la vez que confiable dentro de la gerenciade Justicia,entregadosu látigo sobre Buck con todas sus fuerzas. Esteno poderBuck de su rival postrado, y la culata del látigocambiado a entregadoen juego Mitad-boleó a través de la vía de los medios deel golpe, Buckcambiado enderribado hacia atrás y el látigo puesto sobre éluna vez másyuna vez más,Al mismo tiempo queSpitz castigó duramente altípicamenteofendiendo a Pike. Enlos tiemposqueacompañado, a medida que crecía Dawsonmás cercaymás cerca, dólarsin embargo persistióaintervenir entreSpitz y los culpables;sin embargolo hizo astutamente,tiempoFrancoiscambiado a ahora ya no es redondo, Con el motín encubierto de Buck, unbien conocidola insubordinación brotó y aumentó. Dave y Sol-leksha sidoinafectado,sin embargo hay relajacióndelgrupoFué dehorrendoa peor Cosasnose fuecorrecto. Ahíconvertido en crónicodisputas y riñas. Problemacambiado encontinuamentea pie, y enel más bajode esocambiado enDólar. ÉlalmacenadoFrançois ocupado, por elcanino-fuerza motriz transformada enencoherenteaprensión de laexistencia-y-muriendobatallaentrelos2que él sabíaNecesitartomarvecindadmás rápidoo después; y enun par de nocheslos sonidos de peleas y conflictoslos variosdiferentescachorros se convirtieronél fuera de sudormitandotúnica,atemorizadoque Buck y Spitzha sidoen eso Pero elposibilidadhizoahora ya no regalosí mismo,y que ellosllegó a Dawson una tarde triste con elexcepcionalcombateno obstantevenir. Aquíha sidomuchostipo, ycachorros infinitosy dólarlos observo a todosapinturas. Esoconsideradoel orden ordenadode factoresquecachorrosbuscadospinturas. Todo el día se balancearon arriba y abajola avenida primariaenlargoequipos, ydentro de la nochesus cascabelesa pesar de esose fuea través de medios de. Transportaron troncos de cabaña y leña, cargarontanto comolas minas, e hizo todoforma de trabajoque hicieron los caballosdentro delValle de Santa Clara. Aquí y allá Buck conoció a Southlandcachorros,sin embargodentro de las principalesellosha sidola raza husky de lobo salvaje. CadaNoche, regularmente, en9, a las doce, a las3, levantaron un nocturnopista,un inusualy un canto espeluznante,dondeesocambiado ende dólarsatisfacciónunir. Con la aurora boreal ardiendo fríamente en lo alto, olas celebridades saltando dentro deldanza helada, y la tierra entumecida y congeladaabajosu manto de nieve, estepistade los perros esquimalespodría haber sidoel desafío deexistencia,mejoresocambiado enafinado en tono menor, conlargo-gemidos dibujados y1/2 de- sollozos, ycambiado a extrael alegato deexistencia, el trabajo articulado de la existencia. Esocambiado enunpista vintage,vintageporque elreproducirse en sí mismo—uno de losprimeras canciones deel más joven globalenuna tarde mientrascancionesha sidotriste. Esocambiado eninvestido con el dolor de innumerables generaciones, este lamentoa través de medios deque dólarcambiado enasi queasombrosamentemovido. Cuando gemía y sollozaba, eracambiado encon eldolorderesidiendoquecambiado endeantiguoladolorde sus padres salvajes, yLa preocupaciónysuspensodelincruentoyoscuroquecambiado ena ellospreocuparseysuspenso. y que eldeberíaser agitadoa través de medios demarcó la plenitud con la que escuchabaespalda inferiorlamucho tiempodehogary techo a lacrudocomienzos deexistencia dentro de laclamorosomucho tiempo. Siete días desde el momento en que llegaron a Dawson, descendieron por la empinadainstitución financiera a través de medios delos cuarteles hasta Yukon Trail, y tiró hacia Dyea y Salt Water. Perraulttransformado en vistiendodespachos sialguna cosa extrapresionantequeLos unosél tuvoentregadoen; también elviajesatisfaccionlo había agarrado, y se propuso hacer elviaje en archivodel año. Variosasuntos deseadosél en esto. Las semanasrelajaciónhabía recuperado lacachorrosyposicionadoellos en ajuste completo. loscamino que habían dañadoen elu .s .a .cambiado enllenodifícil a través de los medios deviajeros posteriores. Y además, la policía habíaorganizadoEn o3ubicacionesdepósitos de grub paracaninoytipo, y eltransformado en viajeluz. Hicieron sesenta millas,eso esuna carrera de cincuenta millas, enel primariodía; yel segundodíaobservóellos resonando en el Yukónadecuadamenteen sumaneraa Pelly. Pero talgran paseocambiado a hechoahora ya no sinexcepcionalproblemasy vejaciónen la parte deFrançois. el insidiosorebeliòndirigióa través de medios deBuck había destruido elcohesióndelgrupo. Esono transformado encomo unocaninosaltandodentrodentro de los trenes. El estímulo que Buck les dio a los rebeldes los llevó a todosformas dedelitos menores. Noextracambiado enPerro de Pomeraniaun favorito sustancialmenteser temido losantiguoel asombro partió,y que elloscreciómismoadifícilsu autoridad Pike le robó1/2 deuno de pescadoNoche, y se lo tragóabajolala seguridadde Buck. OtroNocheDub y Joe lucharon contra Spitz y le hicieron renunciar al castigo que merecían. E incluso Billee, lacorrecto-naturaleza,cambiado a mucho menos correcto-naturaleza, y se quejóahora ya no 1/2 detan aplacador como en días anteriores. Dólarde ninguna manera llegué aquí cerca dePerro de Pomeraniasin quegruñendo y erizando amenazadoramente. Enverdad, sucomportamientose acercó a la de un matón, y élcambiado endado a pavonearse arriba y abajomás temprano queLa misma nariz de Spitz.

La ruptura detemaigualmente afectó lacachorros de sus familiarescon unocualquier otro. Se pelearon y discutieronextraque nuncaentreellos mismos,Hasta queainstanciasel campamentocambiado enun alboroto aullador. Dave y Sol-lekspor mi cuenta he sidoinalterado,a pesar de queellosha sidohecho irritablea través de medios delasin finpeleando Francois juróinusualjuramentos bárbaros, y pateó la nieve con furia inútil, y se tiró de los cabellos. su latigazose transformó en continuamente haciendo una canción los diversos cachorros,sin embargoesocambiado ende poco provecho. Directamente suyola parte inferior de la espalda se transformó en se convirtió enellosha sidoen esouna vez más. Élsubvencionadohasta Spitzjunto con sulátigo,Al mismo tiempo queDólarsubvencionadohasta elel restodelgrupo. François sabía que élcambiado en la parte posterior de toda la molestia, y Buck sabía que él sabía;sin embargoDólarcambiado entambiéninteligentealguna vezuna vez másser - estaratascadomorado-entregó. Éltrabajadofielmentedentro delarnés, porque el trabajo habíaresultar serasatisfaccióna él;peroesocambiado enaextrasatisfaccionastutamente para precipitar uncombate entresuamigosy enredar elpresiones. En la desembocadura del Tahkeena, unoNochedespués de la cena, Dubconvertirseun conejo con raquetas de nieve, lo cometió un error yignorado. en un2dlacompletogrupocambiado enencompletollorar. A cien metros de distanciacambiado enun campamento de la Policía del Noroeste, con cincuentacachorros, perros esquimales todos, que se sumaron a la persecución. El conejo corrió río abajo,convertirseapagadojusto en unpequeño arroyo, hasta el congeladocolchónde los cuales se mantuvo constante. Corriósuavemente en el pisode la nieve,Al mismo tiempo quelacachorrosaradoa través de la vía de los medios de mayorfuerza. Buck lideró el%, sesentarobusto,redondocurva tras curva,sin embargoélno se pudo beneficiar. Se acostó en la carrera, gimiendo ansiosamente, sugran marcoparpadeando hacia adelante,volar a través de los medios de volar,dentro delpálida luz de luna blanca. Yvolar a través de los medios de volar, me gustaalgunos se desvanecieronespectro de escarcha, el conejo con raquetas de nieve pasó como un rayo por delante. Toda esa agitación deantiguoinstintos que endichointervalosunidadestipofuera del sondeopueblosaárea arboladaysimplematarasuntos a través de medios deperdigones de plomo propulsados químicamente, la sed de sangre, laPlacermatar—todo estocambiado endólar,mejoresocambiado eninfinitamenteextraíntimo. Élcambiado enoscilando enel pináculodel%,vagantelo salvajefactorpor laresidiendocarne, matarjunto con su propio esmaltey lavar su hocico hasta los ojos encalorsangre. Hay un éxtasis que marca la cumbre deexistencia, ypasadocualla existencia no puedeelevar. y tal esla anomalíaderesidiendo, este éxtasis vienetiempouno esmáximovivo, y viene como unenteroel olvido de que uno está vivo. Este éxtasis, este olvido deresidiendo,implicael artista,atascadoarriba y fuera de sí mismo en una sábana de llamas;

esoimplicael soldado,lucha-loco en unsujeto problemáticoy rehusando cuartel; y esove allía corcovear,principalla%, sonando elantiguolobo-grito, esforzándose después de lacomidasquecambiado envivo y que huyóinesperadamente antes dea éla través dela luz de la luna. Élcambiado ensondeando las profundidades de su naturaleza, y de lacomponentesde su naturaleza queha sidomás profundo que él, yendoespalda bajaen el útero del Tiempo. Élcambiado endominadoa través de medios deel puro surgimiento deexistencia, el maremoto del ser,el placer adecuado de cadaseparar el músculo, la articulación y el tendón en el sentido de quecambiado en todo el lotequecambiado a ahora ya no muriendo, quecambiado enresplandeciente y rampante, expresándose en movimiento, volando exultantedebajo de las celebridadesy sobre la cara denúmero de conteo sin vidaeso hizoahora ya no circula. Pero Spitz,incruentoy calculando hasta en suel mejorestados de ánimo, dejó el%yreducir en todoaesbeltocuello de tierraen el cualel arroyo hizoun extendidocurvaredondo. Buck lo hizoahora ya no reconozcode esto, y mientras doblaba la curva, el espectro helado de un conejoa pesar de esorevoloteandomás temprano queel, elnotado cualquier otroylargoespectro de escarcharemontarsede lo que sobresaleinstitución financieraen elen el curso puntualdel conejo Esocambiado enPerro de Pomerania. El conejono pudegiro,y porque elblancoesmalterompió suespalda bajaen el aire chillaba tan fuerte como unchico problemático también puede adicionalmentegrito. Al sonido de esto, el grito de la Vida se precipita desde el ápice de la Vida.dentro delpresa de la muerte,el otoño%en los talones de Buck levantó un infiernoabstenersedesatisfacción. Buck lo hizoahora ya nogritar. Él hizoahora ya no mirésél mismo,sin embargocondujo sobre Spitz, hombro con hombro, por lo quepeseque élignoradola garganta. rodaronuna y otra vez dentro delnieve en polvo Perro de Pomeraniaganósudedos de los pies casicomoa pesar de queél tuvoahora ya nosido derrocado, cortando a Buck por el hombro ysaltandoclaro. dos veces suesmaltecortadocolectivamente,como el metalicofauces de una trampa, como élsubvencionadolejos pormás altoen pie, con labios delgados y levantados que se retorcían y gruñían. En un instante, Buck lo supo. Había llegado el momento. Esocambiado enhaciamuriendo. Como ellosgiradosobre, gruñendo, orejas puestasespalda baja, profundamente atento a la ventaja, la escenave allía Buck con unsentirde familiaridad. Élconsideradoaconsiderartodo, los bosques blancos, la tierra, la luz de la luna ylas alegriasde batalla Sobre la blancura y el silencio se cernía una calma fantasmal. Ahícambiado aahora ya noel más leve susurro de aire—nada de nadamovido,ahora ya nouna hoja tembló, lavistorespiraciones de lacachorros creciendolentamente y persistentedentro delaire helado. ellos habían hechopinturas rapidasdel conejo con raquetas de nieve,esoscachorrosquehan estado mal-lobos domesticados;y que han sidoahora elaborado en un círculo expectante. Ellos también,ha sidosilencio, sus ojosmejor espumosoy sus respiraciones a la deriva lentamente hacia arriba. para romperlocambiado a nadanuevo oinusual, esta escena deantiguotiempo. Esocambiado encomoa pesar de queteníacontinuamentesido, el acostumbradoforma de factores. Perro de Pomeraniacambiado enun luchador experimentado. Desde Spitzbergena través deel Ártico, ya lo largo deCanadá y los Baldíos, había sostenido sumuy propiocon todacaminodecachorrosyhechoal dominio sobre ellos. rabia amargacambiado ensu,sin embargo de ninguna manerarabia cegadora. Enardorpara rasgar y destruir, élde ninguna maneraolvidó que su enemigocambiado enen me gustaardordesgarrar y destruir. Élde ninguna maneraapresuraronHasta queéltransformado en organizadoaadquirirprisa;de ninguna maneraatacadoHasta queprimero había defendido queagresión. EninútilBuck se esforzó por hundir suesmaltedentro delcuello de laenormeblancocanino. Dondequiera que sus colmillos golpearon por la carne más suave,ha sidocontrarrestadoa través de medios delos colmillos de Spitz. Colmillo chocó colmillo y labioshan sido reducidosy sangrando,sin embargoDólarno pudepenetrar la guardia de su enemigo. Luego calentó y envolvió a Spitz en un torbellino de juncos. Tiempo y tiempouna vez másélintentópor la garganta blanca como la nieve,en que existenciaburbujeócerca dehaciapiso, yen cada ocasiónycada vezSpitz lo cortó yfueron dadoslejos. Entonces Buck se apresuró, comoa pesar de quepara la garganta,tiempo,abruptamentedibujoes palda bajasu cabeza y curvándose desde elaspecto, élpoderíosu hombrosobre elhombro de Spitz, como un carneroa través de medios deque derrocarlo. Pero en cambio, el hombro de Buckcambiado enrecortado hacia abajoen cada ocasiónmientras Spitz saltabasuavementelejos. Perro de Pomeraniacambiado enintacto,Al mismo tiempo queDólarcambiado enchorreando sangre y jadeandopese. loscombatecambiado endesarrollodesesperado. Ytodo al mismo tiempo queel círculo silencioso y lobuno esperabacompletarfuera de lo que seacaninobajó Cuando Buck se quedó sin aliento, Spitz empezó a correr, y élalmacenadoa élincreíblepara pie Una vez que Buck pasó, y elcompletocírculo de sesentalos cachorros comenzaronarriba;sin embargose recuperó,por pocoen el aire, y el círculo se hundióuna vez másy esperó Pero Buck poseía unexcelenteeso hizo grandeza: imaginación. El peleóa través de medios deinstinto,sin embargoélpuede querer combatir a través de medios decabeza comoadecuadamente. Se apresuró, comoaleven pensandolaantiguotruco de hombro,sin embargoen el finalen el spotaneousbarrido bajo a la nieve y adentro. Suesmaltecerrado en la pata delantera izquierda de Spitz. Ahícambiado enun crujido de huesos rotos, y el blancocanino enfrentadoél sobre3piernas. tres veces elintentópara derribarlo, luego repitió el truco y rompió elcorrectopierna delantera A pesar de ladolore impotencia, Spitz luchó locamente parapreservararriba. Élobservóel círculo silencioso, conespumosoojos, lenguas colgantes y alientos plateados a la deriva hacia arriba,finalsobre él como lo había hechovisiblecomparablecírculoscercaen sobreaplastadaantagonistasdentro del más allá. Sólo que esta vez éltransformado en el únicoquiéntransformado en aplastado. Ahícambiado ennodeseopara él. Dólarcambiado eninexorable. Misericordiacambiado enafactorreservado para climas más suaves. Maniobró para elúltimoprisa. El círculo se había estrechadoHasta queélpuede querer sentirlos alientos de los perros esquimales en sus flancos. Élpuede quererverlas,pasadoSpitz y aambos aspectos,1/2 deagazapados por la primavera, sus ojosconstantesobre el. Una pausaconsideradocaer. cada animaltransformado en inmóvilcomoa pesar de que se convirtióa la piedra. Solo Spitz se estremeció y se erizó mientras se tambaleaba.atrás y adelante, gruñendo conhorribleamenaza, comoa pesar de queasustardibujo cerrando. Entonces Buck entró y salió de un salto;sin embargo, al mismo tiempo queélcambiado enen, el hombro tenía enfinalhombro en ángulo recto. lososcurocirculose han convertidoun puntoen elnieve inundada por la luna mientras Spitz desaparecía de la vista. Buck se puso de pie yapareciósobre elun éxitocampeón, la bestia

primordial dominante que había hecho su muerte yobservadoesocorrecto.

¿Quién ha ganado a la maestría

"¿Eh? ¿Qué digo? Digo la verdad cuando digo que Buck son dos demonios". Este fue el discurso de Francois a la mañana siguiente cuando descubrió que Spitz había desaparecido y Buck cubierto de heridas. Lo atrajo hacia el fuego y a su luz los señaló.

"Dat Spitz lucha contra lak hell", dijo Perrault, mientras examinaba los desgarros y cortes abiertos.

"Y ese Buck luchó contra dos infiernos", fue la respuesta de Francois. "Y ahora hacemos buen tiempo. No más Spitz, no más problemas, seguro".

Mientras Perrault empaquetaba el equipo de campamento y cargaba el trineo, el conductor de perros procedió a enjaezar a los perros. Buck trotó hasta el lugar que Spitz habría ocupado como líder; pero Francois, sin darse cuenta de él, llevó a Sol-leks a la codiciada posición. A su juicio, Sol-leks era el mejor perro guía que quedaba. Buck saltó sobre Sol-leks con furia, obligándolo a retroceder y poniéndose en su lugar.

"¿Eh? ¿Eh?" —exclamó François, golpeándose los muslos alegremente. "Mira a ese Buck. Heem quilla ese Spitz, está pensando en tomar el trabajo".
"¡Vete, Chook!" —gritó, pero Buck se negó a moverse.
Agarró a Buck por la nuca y, aunque el perro gruñó amenazadoramente, lo arrastró a un lado y reemplazó a Sol-leks. Al viejo perro no le gustó y demostró claramente que le tenía miedo a Buck. François se mostró obstinado, pero cuando dio la espalda, Buck volvió a desplazar a Sol-leks, que no se mostró en absoluto reacio a marcharse.
François estaba enojado. "¡Ahora, por Gar, te siento!" —gritó, volviendo con un pesado garrote en la mano.
Buck recordó al hombre del jersey rojo y retrocedió lentamente; ni intentó cargar cuando Sol-leks fue presentado una vez más. Pero dio vueltas más allá del alcance del garrote, gruñendo con amargura y rabia; y mientras daba vueltas miraba el garrote para esquivarlo si Francois lo arrojaba, porque se había vuelto sabio en el camino de los garrotes. El conductor se dedicó a su trabajo y llamó a Buck cuando estuvo listo para ponerlo en su lugar anterior frente a Dave. Buck retrocedió

dos o tres pasos. Francois lo siguió, tras lo cual volvió a retirarse. Después de un tiempo de esto, Francois arrojó el garrote, pensando que Buck temía una paliza. Pero Buck estaba en rebelión abierta. Quería, no escapar de una paliza, sino tener el liderazgo. Era suyo por derecho. Se lo había ganado y no se contentaría con menos.

Perrault tomó una mano. Entre los dos lo corrieron durante casi una hora. Le tiraron garrotes. Él esquivó. Lo maldijeron a él, ya sus padres y madres antes que él, ya toda su simiente que vendría después de él hasta la generación más remota, y cada cabello de su cuerpo y gota de sangre en sus venas; y él respondió a la maldición con gruñidos y se mantuvo fuera de su alcance. No trató de huir, sino que se retiró dando vueltas y más vueltas por el campamento, anunciando claramente que cuando su deseo se cumpliera, entraría y se portaría bien.

Francois se sentó y se rascó la cabeza. Perrault miró su reloj y maldijo. El tiempo volaba, y deberían haber estado en el camino una hora después. François volvió a rascarse la cabeza. Lo estrechó y sonrió tímidamente al mensajero, quien se encogió de hombros en señal de que estaban golpeados. Entonces Francois se acercó a donde estaba Sol-leks y llamó a Buck. Buck se rió, como se ríen los perros, pero mantuvo la distancia. Francois desató las correas de Sol-leks y lo devolvió a su antiguo lugar. El equipo estaba enganchado al trineo en una línea ininterrumpida, listo para el camino. No había lugar para Buck salvo en el frente. Una vez más Francois llamó, y una vez más Buck se rió y se mantuvo alejado.

"T'row down the club", ordenó Perrault.

Francois obedeció, después de lo cual Buck entró al trote, riendo triunfalmente, y se colocó a la cabeza del equipo. Sus correas fueron aseguradas, el trineo roto, y con ambos hombres corriendo, se precipitaron hacia el sendero del río.

Por mucho que el conductor del perro había sobrevalorado a Buck, con sus dos demonios, descubrió, cuando el día aún era joven, que había subestimado. De un salto, Buck asumió las funciones de liderazgo; y donde se requería juicio, pensamiento rápido y acción rápida, se mostró superior incluso a Spitz, de quien François nunca había visto un igual.

Pero fue en dar la ley y hacer que sus compañeros la cumplieran, que Buck se destacó. A Dave y Sol-leks no les importó el cambio de liderazgo. No era asunto de ellos. Su ocupación era trabajar, y trabajar intensamente, en las huellas. Mientras eso no fuera interferido, no les importaba lo que sucediera. Billee, el bondadoso, podía liderar todo lo que le importaba, siempre que mantuviera el orden. El resto del equipo, sin embargo, se había vuelto rebelde durante los últimos días de Spitz, y su sorpresa fue grande ahora que Buck procedió a lamerlos para ponerlos en forma.

Pike, que tiraba de los talones de Buck, y que nunca ponía una onza más de su peso contra la banda del pecho de lo que estaba obligado a hacer, fue sacudido rápida y repetidamente por holgazanería; y antes de terminar el primer día, estaba tirando más que nunca en su vida. La primera noche en el campamento, Joe, el amargado, fue severamente castigado, algo que Spitz nunca había logrado hacer. Buck simplemente lo asfixió en virtud de su peso superior y lo cortó hasta que dejó de morder y comenzó a gimotear pidiendo misericordia.

El tono general del equipo se recuperó de inmediato. Recuperó su solidaridad de antaño, y una vez más los perros saltaron

como un solo perro sobre las correas. En Rink Rapids se agregaron dos perros esquimales nativos, Teek y Koona; y la celeridad con que Buck los abrió le quitó el aliento a François.
"¡Nevaire es un perro como ese Buck!" gritó. "¡No, nevaire! ¡Él vale mil dólares, por Gar! ¿Eh? ¿Qué dices, Perrault?"
Y Perrault asintió. Estaba por delante del récord entonces, y ganando día a día. El sendero estaba en excelentes condiciones, bien compactado y duro, y no había nieve recién caída con la que lidiar. No estaba demasiado frío. La temperatura bajó a cincuenta bajo cero y permaneció allí todo el viaje. Los hombres cabalgaban y corrían por turnos, y los perros se mantenían en movimiento, con paradas poco frecuentes.
El río Treinta Millas estaba relativamente cubierto de hielo, y en un día de ida cubrieron lo que les había llevado diez días de regreso. De un solo recorrido recorrieron sesenta millas desde el pie del lago Le Barge hasta White Horse Rapids. A través de Marsh, Tagish y Bennett (setenta millas de lagos), volaron tan rápido que el hombre al que le tocaba correr remolcó detrás del trineo al final de una cuerda. Y en la última noche de la

segunda semana coronaron Paso Blanco y descendieron por la ladera del mar con las luces de Skaguay y de la navegación a sus pies.

Fue una carrera récord. Cada día durante catorce días habían hecho un promedio de cuarenta millas. Durante tres días, Perrault y Francois arrojaron cofres de un lado a otro de la calle principal de Skaguay y recibieron una lluvia de invitaciones para beber, mientras que el equipo era el centro constante de una multitud adoradora de cazadores de perros y mushers. Luego, tres o cuatro hombres malos occidentales aspiraron a limpiar la ciudad, fueron acribillados como pimenteros por sus dolores, y el interés público se volvió hacia otros ídolos. Luego vinieron las órdenes oficiales. François llamó a Buck, lo abrazó y lloró por él. Y ese fue el último de Francois y Perrault. Como otros hombres, desaparecieron de la vida de Buck para siempre.

Un mestizo escocés se hizo cargo de él y sus compañeros, y en compañía de una docena de otros tiros de perros, emprendió el camino de regreso a Dawson. No era una carrera ligera ahora, ni un tiempo récord, sino un trabajo pesado cada día, con una carga pesada detrás; porque este era el tren correo, que llevaba noticias del mundo a los hombres que buscaban oro bajo la sombra del Polo. A Buck no le gustó, pero soportó bien el trabajo, enorgulleciéndose de él a la manera de Dave y Sol-leks, y viendo que sus compañeros, tanto si se enorgullecían como si no, hacían lo que les correspondía. Era una vida monótona, operando con la regularidad de una máquina. Un día fue muy parecido a otro. Cada mañana, a cierta hora, salían los cocineros, encendían fogatas y comían el desayuno. Luego, mientras unos levantaban el campamento, otros enganchaban a los perros, y se pusieron en marcha una hora más o menos antes de que cayera la oscuridad que anunciaba el alba. Por la noche, se hizo el campamento. Unos echaban moscas, otros cortaban leña y ramas de pino para las camas, y otros llevaban agua o hielo para los cocineros. Además, los perros fueron alimentados. Para ellos, esta era la única característica del día, aunque era bueno holgazanear, después de comer el pescado, durante una hora más o menos con los otros perros. de los cuales había sesenta y pico. Había luchadores feroces entre ellos, pero tres batallas con los más feroces llevaron a Buck al dominio, de modo que cuando se erizó y mostró los dientes, se apartaron de su camino.

Lo mejor de todo, quizás, era que le encantaba acostarse cerca del fuego, con las patas traseras agachadas debajo de él, las patas delanteras estiradas hacia adelante, la cabeza erguida y los ojos parpadeando soñadoramente ante las llamas. A veces pensaba en la gran casa del juez Miller en el soleado valle de Santa Clara, en la piscina de cemento, en Ysabel, la calva mexicana, y en Toots, el pug japonés; pero más a menudo recordaba al hombre del suéter rojo, la muerte de Curly, la gran pelea con Spitz y las cosas buenas que había comido o le gustaría comer. No tenía nostalgia. La Tierra del Sol era muy oscura y distante, y tales recuerdos no tenían poder sobre él. Mucho más potentes eran los recuerdos de su herencia que le daban a las cosas que nunca antes había visto una aparente familiaridad; los instintos (que no eran más que los recuerdos de sus antepasados convertidos en hábitos) que habían caducado en días posteriores, y aún más tarde,

A veces, mientras se agachaba allí, parpadeando soñadoramente ante las llamas, parecía que las llamas eran de otro fuego, y que mientras se agachaba junto a este otro fuego veía a otro hombre diferente del cocinero mestizo que tenía delante. Este otro hombre era más corto de piernas y más largo de brazos, con músculos que eran fibrosos y nudosos en lugar de redondeados e hinchados. El cabello de este hombre era largo y enmarañado, y su cabeza se inclinaba hacia atrás debajo de los ojos. Emitía sonidos extraños y parecía tener mucho miedo de la oscuridad, en la que miraba continuamente, agarrando en su mano, que colgaba a medio camino entre la rodilla y el pie, un palo con una piedra pesada asegurada hasta el final. Estaba casi desnudo, una piel harapienta y quemada por el fuego colgaba hasta la mitad de su espalda, pero en su cuerpo había mucho pelo. En algunos lugares, atravesaba el pecho y los hombros y bajaba por la parte exterior de los brazos y los muslos, estaba apelmazado hasta convertirse en un pelaje casi espeso. No estaba de pie erguido, sino con el tronco inclinado hacia adelante desde las caderas, sobre piernas que se doblaban a

la altura de las rodillas. Su cuerpo tenía una peculiar elasticidad, o elasticidad, casi felina, y un rápido estado de alerta como el de alguien que vive con un miedo perpetuo a las cosas visibles e invisibles.
En otras ocasiones, este hombre peludo se acuclillaba junto al fuego con la cabeza entre las piernas y dormía. En tales ocasiones, sus codos estaban sobre sus rodillas, sus manos entrelazadas sobre su cabeza como para arrojar lluvia por los brazos peludos. Y más allá de ese fuego, en la oscuridad circular, Buck pudo ver muchos carbones relucientes, de dos en dos, siempre de dos en dos, que sabía que eran los ojos de grandes animales de presa. Y podía oír el choque de sus cuerpos a través de la maleza, y los ruidos que hacían en la noche. Y soñando allí junto a la orilla del Yukón, con los ojos perezosos parpadeando ante el fuego, estos sonidos y visiones de otro mundo harían que el pelo se le erizara a lo largo de la espalda y se le erizara sobre los hombros y el cuello, hasta que gimiera bajo y reprimido. , o gruñó suavemente, y el cocinero mestizo le gritó: "¡Oye, Buck, despierta!"
Fue un viaje duro, con el correo detrás de ellos, y el trabajo pesado los agotó.

Estaban cortos de peso y en malas condiciones cuando hicieron Dawson, y deberían haber tenido un descanso de diez días o una semana por lo menos. Pero al cabo de dos días descendieron por la ribera del Yukón desde los Barracones, cargados de cartas para el exterior. Los perros estaban cansados, los conductores refunfuñaban y, para empeorar las cosas, nevaba todos los días. Esto significó un camino suave, mayor fricción en los corredores y un tirón más fuerte para los perros; sin embargo, los conductores fueron justos en todo momento e hicieron todo lo posible por los animales.

Cada noche se atendía primero a los perros. Comieron antes de que comieran los cocheros, y nadie buscó su bata de dormir hasta que hubo visto los pies de los perros que conducía. Aún así, su fuerza disminuyó. Desde el comienzo del invierno habían viajado mil ochocientas millas, arrastrando trineos durante toda la fatigosa distancia; y mil ochocientas millas contarán sobre la vida de los más duros. Buck lo soportó, manteniendo a sus compañeros en el trabajo y manteniendo la disciplina, aunque él también estaba muy cansado. Billee lloraba y gemía regularmente mientras

dormía cada noche. Joe estaba más amargado que nunca, y Sol-leks era inaccesible, del lado ciego o del otro lado.
Pero fue Dave quien más sufrió. Algo había salido mal con él. Se volvió más malhumorado e irritable, y cuando el campamento estuvo montado, inmediatamente hizo su nido, donde su conductor lo alimentó. Una vez fuera del arnés y bajado, no volvió a ponerse de pie hasta la hora de subirse el arnés por la mañana. A veces, en las vías, al ser sacudido por una parada repentina del trineo, o al esforzarse para ponerlo en marcha, gritaba de dolor. El conductor lo examinó, pero no pudo encontrar nada. Todos los conductores se interesaron por su caso. Lo hablaron a la hora de la comida y de sus últimas pipas antes de acostarse, y una noche hicieron una consulta. Lo llevaron de su nido al fuego y lo presionaron y pincharon hasta que gritó muchas veces. Algo andaba mal adentro, pero no pudieron localizar ningún hueso roto, no pudieron distinguirlo.
Cuando se llegó a Cassiar Bar, estaba tan débil que caía repetidamente en los rieles. El mestizo escocés ordenó un alto y lo sacó del tiro, haciendo que el siguiente

perro, Sol-leks, fuera rápido al trineo. Su intención era descansar a Dave, dejándolo correr libremente detrás del trineo. Enfermo como estaba, a Dave le molestaba que lo sacaran, gruñía y gruñía mientras le desabrochaban las amarras, y gemía con el corazón roto cuando vio a Sol-leks en el puesto que había ocupado y servido durante tanto tiempo. Porque el orgullo de rastrear y rastrear era suyo y, enfermo de muerte, no podía soportar que otro perro hiciera su trabajo.

Cuando el trineo se puso en marcha, se tambaleó en la nieve blanda a lo largo del sendero trillado, atacando a Sol-leks con los dientes, arremetiendo contra él y tratando de empujarlo hacia la nieve blanda del otro lado, esforzándose por saltar dentro de sus huellas y conseguir entre él y el trineo, y todo el tiempo gimiendo, aullando y llorando de pena y dolor. El mestizo trató de ahuyentarlo con el látigo; pero no prestó atención al látigo punzante, y el hombre no tuvo el corazón para golpear más fuerte. Dave se negó a correr tranquilamente por el sendero detrás del trineo, donde la marcha era fácil, sino que siguió avanzando a trompicones en la nieve blanda, donde la marcha era más difícil, hasta quedar

exhausto. Luego cayó, y se quedó donde cayó, aullando lúgubremente mientras pasaba el largo tren de trineos.
Con lo último que le quedaba de fuerza, logró seguir tambaleándose hasta que el tren hizo otra parada, cuando pasó tambaleándose entre los trineos hasta el suyo, donde se detuvo junto a Sol-leks. Su conductor se demoró un momento para encender su pipa del hombre detrás. Luego regresó y comenzó a sus perros. Salieron al sendero con notable falta de esfuerzo, volvieron la cabeza con inquietud y se detuvieron sorprendidos. El conductor también se sorprendió; el trineo no se había movido. Llamó a sus camaradas para presenciar la vista. Dave había mordido los dos rastros de Sol-leks y estaba parado directamente frente al trineo en el lugar que le correspondía.
Le rogó a sus ojos que permanecieran allí. El conductor estaba perplejo. Sus camaradas hablaron de cómo un perro podía romperse el corazón al negarle el trabajo que lo mató, y recordaron casos que habían conocido, donde los perros, demasiado viejos para el trabajo, o heridos, habían muerto porque fueron cortados de los rastros. Además, tenían piedad, dado que Dave iba a morir de

todos modos, que debería morir en las huellas, con el corazón tranquilo y contento. Así que lo amarraron de nuevo, y jaló con orgullo como antes, aunque más de una vez gritó involuntariamente por el mordisco de su dolor interno. Varias veces se cayó y fue arrastrado por las correas, y una vez el trineo pasó sobre él de modo que cojeó de una de sus patas traseras.

Pero resistió hasta llegar al campamento, cuando su cochero le preparó un lugar junto al fuego. La mañana lo encontró demasiado débil para viajar. A la hora de ponerse los arneses, trató de arrastrarse hacia su conductor. Con esfuerzos convulsivos se puso de pie, se tambaleó y cayó. Luego, se abrió paso lentamente hacia el lugar donde se ponían los arneses a sus compañeros. Adelantaba las patas delanteras y arrastraba el cuerpo hacia arriba con una especie de movimiento de enganche, cuando avanzaba las patas delanteras y se enganchaba de nuevo unos centímetros más. Su fuerza lo abandonó, y la última vez que sus compañeros lo vieron, yacía jadeando en la nieve y añorando hacia ellos. Pero pudieron oírlo aullando lastimeramente hasta que se perdieron de vista detrás de un cinturón de madera del río.

Aquí se detuvo el tren. El mestizo escocés volvió lentamente sobre sus pasos hasta el campamento que habían dejado. Los hombres dejaron de hablar. Sonó un disparo de revólver. El hombre volvió apresuradamente. Los látigos restallaron, las campanas tintinearon alegremente, los trineos se agitaron a lo largo del sendero; pero Buck sabía, y todos los perros sabían, lo que había ocurrido detrás del cinturón de árboles del río.

el trabajo deinsinuaciónysenderoTreinta días desde el momento en que salió de Dawson, el Salt Water Mail, con Buck y suamigo eladelante, llegó a Skaguay. Elloshabía sidoen un miserablepaís,aniquiladoy desgastado. de dólarun centenary40 kilostenidodisminuidoaun centenary quince losrelajaciónde suamigos,a pesar de queencendedorcachorros, tenidomás bien fuera de lugar mayorpeso que él. Pike, el simulador, quien, en suvida deengaño, tuvocon frecuenciaeficientementefingió undañarpierna,convertirse enahora cojeando en serio. sol-leksconvertirse encojeando, y Dubse vuelve afligido porun omóplato torcido. Elloshabía sidotodosextraordinariamentedolor de pies Sin resorte ni reboteconvertirse endejado en ellos. Susdedos del piecayóde cerca en el camino, sacudiendo sunuestros cuerposy duplicando la fatiga deuna tarde'sviaje. Ahíconvertirse en nada el problemacon ellosademásque elloshabía sido inútil. Esoconvertirse ahora ya nolainútil-cansancio que vienevía cortayintento desmesurado, a partir del cualla restauración es un problemade horas;sin embargoesoconvertirse enlainútil-cansancio que vienea través delagradualypotencia extendidadrenaje de meses de trabajo. Ahíconvertirse ennoelectricidadderecuperaciónizquierda, sin reservapoder para nombraral. Esoha sidotodo usado, elúltimoel menosun poco deeso. cada músculo,cadafibra,cadacélula,desgastarse,inútil. Yha habido porquepara ello. Enmucho menosque5mesesque ellosviajó veinte5cien millas,sobre el últimomil ochocientos de los cualesque ellostenidosin embargo5días'relajación. Cuando llegaron a Skaguay sehabía sido aparentementeen suúltimopiernas.

Ellosdeberías aguantar ligeramentelalíneastenso, yen elcalificaciones bajassimplemente controladoamantenerfuera demaneradel trineo. "Pausa,negativopies doloridos",la fuerza impulsora avaladoellos mientras se tambaleabanel camino principalde Skaguay. "Dis es de las'. Den tenemos unolargores'. ¿eh? Con seguridad. un matónlargores'". Los conductoresoptimistamente predicho un prolongadoescala. Ellos mismos,que (ellos) hubieran incluidomil doscientas millas con días'relajación, ydentro delnaturaleza decausaylugar no inusualjusticia se lo merecíanlenguaje cde holgazanear. Peromucho de había sidolatipoque se había precipitado en el Klondike, ymucho de había sidolos novios, esposas yrelacioneseso teníaahora ya nose apresuró, que el correo congestionadohacerse cargoproporciones alpinas; También ahíhabía sido respetablepedidos. Lotes frescos de la Bahía de Hudsonlos cachorros habían sidotomar elubicaciones de estossenugatorioPara elsendero. losineficazunoshabía sidoser - estarfueron dadosdeshacerse de, y,en vista de que los cachorros se cuentan en númeropor pocoen oposición adólares, elloshabía sidopara venderse. Tres díasexcedido,con la ayuda de usar qué períodoBuck y suamigos descubiertoscómoclaramente desgastadoysusceptibleelloshabía sido. Después,en elmañana del cuarto día,tipode los Estadosllegó aquí junto y adquirióellos, arnés y todo, para una canción. lostipodirigidocada diferentecomo "Hal" y "Charles". Charlesconvertirse enun hombre de mediana edad,chico de color, consusceptibley ojos llorosos y un bigote que se retorcía feroz y vigorosamente, dando lainformar malel labio fláccido que ocultaba. Halconvertirse enaadolescente de 19o veinte, con unlargoEl revólver de Colt y un cuchillo de caza atadosaproximadamenteél en un cinturón quebonitaerizado de cartuchos. este cinturónconvertirse enlamáximosalienteemitir aproximadamentea él. Esocomercializadosu insensibilidad, una insensibilidad pura e indecible. Ambas cosaslos chicos habían estado obviamentefuera de lugar, y por quéJuntos conellosnecesito viajarel norte esuna parte delasuspenso de factoresque sobrepasa el entendimiento. Buck escuchó el roce,observólaefectivo por salto entre la personay el agente del gobierno, y sabía que el whisky escocés1/2 de-la raza y el correo-educarconductoreshabía sidodesmayarse de suestilos de vida en eltalones de Perrault y Francois y los otros que habíanmucho antes que. Cuandoempujados juntos junto con hispalsael nuevocampamento de propietarios, Bucknotado un torpey asunto descuidado, tienda1/2 deestirado, platos sin lavar,toda la cosaen desorden; también élobservóuna mujer. "Mercedes" lachicos referidos comosu. Ellaconvertirse enCarlosesposay la hermana de Hal—un agradable círculo de familiaresfiesta. Buck los observó con aprensión mientras procedían a desmontar la tienda.y cargael trineo Ahíconvertirse enaextraordinariotrato deintento aproximadamentesuscamino,sin embargoningún método profesional. La tienda de campañaconvertirse enenrollado enun trato de paquete desgarbado3 instanciascomoenorme porque es necesarioha sido. los platos de hojalatahabía sidoempacado sin lavar. mercedesnormalmenterevoloteódentro de la manerade ellatipoysalvadohasta un parloteo ininterrumpido de protesta yrecomendación. Cuando ellosposicionadoun saco de ropaen el frentedel trineo, ellaaconsejadoesonecesito pasar de nuevo; ydespués de ellostenidoposicionadoesode nuevo, yincluidose acabomultiplediferentepaquetes, ellaencontrado dejado fueraartículoseso podríapermanecer en ningún otro lugarsin embargoen ese mismo saco,y que ellosdescargadouna vez más. Trestipode una tienda vecinave allíFuera yapareciόen, sonriendo y guiñando el ojo el uno al otro. "Tienesfueron dadosaapropiadointeligentecargaporque es,"declarado ciertamente considerado uno entrea ellos; "yya no esyonecesito informartetu negocio,sin embargoyono lo haríatome esa tienda de campañajunto asi yoconvertirse enusted." "¡Inimaginable!", exclamó Mercedes, vomitando subrazosen delicada consternación. "Sin embargodentro del deber internacional deyomanipular sin¿una tienda de campaña?" "Es primavera,y también puede que notoma algunosmayor sin sangreclima,"la personarespondido. Ella negó con la cabeza con decisión, y Charles y Halposicionadolaúltimoprobabilidades y termina enpináculola carga montañosa. "Pensarva a¿conducir?"uno de los chicospreguntó. "Por quéno debeeso?" exigió Charlescomo sustitutodentro de poco. "Vaya,esto estodoscorrecto,esto estodoscorrecto,"la personase apresuró mansamentemencionar. "YOse vuelve simplementeme pregunto,esto estodos. Esoconsideradoun ácaropináculo-pesado." Carloscreció para convertirsesuotra vezy bajó las ataduras además deéldebería, cualconvertirse ahora ya no dentro de lamenos bien. "Y derutalacachorrospuede caminarjunto atodo el día con ese artilugioen la parte de atrás deellos", afirmó un2ddeltipo. "Seguramente,"fijadoHal, con gélida cortesía, tomandopreservardel gee-pole con una mano y balanceando su látigo deLa alternativa. "¡Gachas!" él gritó. "¡Mush allí!" loscachorrossaltóen oposición alas fajas del pecho, tensasdifícilporalgunomomentos, luego relajado. Ellosno habia podido transportarel trineo "Los brutos perezosos, voy amonitorellos", exclamó,preparándosepara azotarlos con el látigo. Pero Mercedes intervino, gritando, "Oh, Hal, no debes", mientras ellaatascadopreservardel látigo y se lo arrancó. "Losnegativo¡Queridos! Ahora tuNecesitarte lo prometopodría nosé duro con ellos porrelajacióndelviaje, o yono puede pasarun paso." "Precioso lotete das cuenta aproximadamentecachorros", se burló su hermano; "y yoDeseo que te vayasyo solo. son flojos, yote informo,y te han dadopara azotarlos para conseguiralguna cosafuera de ellos ese es sumanera. Le preguntas a cualquiera. preguntale a unode estos chicos."Mercedescontroladoellos implorantes, repugnancia indecible a la vista dedolorescrito en ellabastantecara. "Ellos sonsusceptiblecomo agua,en caso de que lo necesitesareconocer,"ve allílaresponderdeuno de los chicos. "Ciruela tuckered,este es el problema. Ellosdesearарelajación." "El resto se quede en blanco,"fijadoHal,junto con sulabios imberbes; y mercedesfijado, "¡Vaya!" endolory tristezasobre eljuramento. Pero ellaconvertirse enuna criatura de clan, y se apresuróinmediatamenteen defensa de su hermano. "Nuncapensamientosquetipo," ellafijadointencionadamente. "Estásusandonuestrocachorros,y también túHacer loobservaste alta calidadcon ellos." Una vez más el látigo de Hal cayó sobre elcachorros. ellos mismos se tiraronen oposición alas bandas del pecho, cavaron susdedos del pieen la nieve compacta,fueron dadoshacia abajo, yposicionadoadelante todos susenergía. El trineo sostenido comoa pesar de queesohabía sidoun ancla. Después de esfuerzos, se pusieron de piesin embargo, jadeando. El látigoconvertirse ensilbando salvajemente,mientras otra vezMercedes intervino. Ella cayó de rodillasmás temprano queBuck, con lágrimas en los ojos, yposicionadosupalmeras redondasSu cuello. "Túnegativo,negativoQueridos", exclamó con simpatía, "¿por quéno hagatirasdifícil?—entonces definitivamente no lo haríasser azotado." Buck hizoahora ya nocomo ella,sin embargoélconvertirse ensintiendo tambiéndeprimente enfrentarse aella, tomándolo comouna parte delos díaspinturas deprimentes. Uno de los espectadores, queha sidoapretando suesmaltepara suprimircálidodiscurso, ahora habló: - "Esahora ya noque me importa un carajo quése convertiráde ti,sin embargoPara elcachorrospor el bien de misimplemente necesito informartú,podrías ayudarellos unpoderosolotecon la ayuda de usarrompiendo ese trineo. los corredores sonheladorápido. Lanza tu pesoen oposición ael gee-pole,correctoy a la izquierda, yruinafuera." Un0.33tiempo elesforzarse por convertirsehecha,sin embargoesta vez, siguiendo elrecomendación, Hal rompió los corredores queha sidocongelado a la nieve. El trineo sobrecargado y difícil de manejarsólido de antemano, Buck y suel sufrimientofrenéticamentedebajola lluvia de golpes. Cien yardasantemanolapor supuesto creció para convertirsey se inclinó abruptamente haciael camino principal. Esopuede quehan requerido unhabilidosoamantenerlapináculo-trineo pesado en posición vertical, y Halconvertirse ahora ya no es este tipo de chico. mientras se balanceabanen el flipel trineo volcó, derramando1/2 desu cargaa través delalibremontones. loscachorros de ninguna maneradetenido. El trineo aligerado saltó sobre sufaceta en la parte posterior dea ellos. Elloshabía estado indignado debido alaremedio enfermo que habían adquiridoy la carga injusta. Dólarconvertirse enfurioso. El rompiojusto en uncorrer, eltripulaciónsiguiendo su ejemplo. Hal gritó "¡Vaya! ¡Vaya!"sin embargono hicieron caso. Tropezó yconvertirse ense quitó eldedos del pie. El trineo volcadopisosobre él, y elcachorrosse precipitó por ella carretera,incluidoa la alegría de Skaguay mientras dispersaban elel restodel trajejunto asulídervía pública. De buen corazónresidentes atascadoslacachorrosyacumuladohasta los dispersosactivos. Asimismo, dieronrecomendación. Mitadla cargaydos veceslacachorros,en caso de que ellosalguna vezpredichoaalcanzarDawson,convertirse enquéconvertido en declarado. Hal y su hermana y su cuñadoregulaciónescuchó de mala gana, levantó la tienda y revisó el equipo. Enlatadolos artículos se habían convertido enfuera que hizotiporisa, para enlatadosartículos en elCamino largo es untemasoñaraproximadamente. Frase de "Mantas para un hotel"uno de los chicosque reía y ayudaba. "La mitad de muchoses demasiadomucho;disponer dea ellos. Tira esa tienda y todoLos unosplatos,-quien esyendolimpiarellos, de todos modos? Buen Señor, hazusted observó que está visitandoen un Pullman?" Y así fue, el inexorableeliminaciónde lo superfluo. mercedes lloromientras quesu ropa-el equipaje había sidoarrojadoen el pisoy artículo tras artículoconvertirse enexpulsado. Ella lloró en general,y el o ellalloradoprincipalmentesobrecadades cartadotema. ella abrazóbrazos aproximadamenterodillas, balanceodañado y dañado-de corazón.

ella afirmo ellapuede que ahora ya no paseuna pulgada,ahora ya nopor una docena de charles. ella apeló atodos y cada unoy paratoda la cosa,despuéslimpiándose los ojos ycon la intenciónafalsificadoincluso artículos deropaquehabía sido vitalnecesidades Y en su celo,mientras queella teníacompletado junto con su personal, ella atacó a laactivosde ellatipoy fuea través deellos como un tornado. Esto logrado, el traje,a pesar de que reduciren1/2 de,convertido, no obstante, en un impresionantea granel. Charles y Hal salierondentro de la noche y adquiridoseis afueracachorros. Estas,introducidoa los seis de lostripulación única, y Teek y Koona, los perros esquimalesadquirido en elRápidos de la pistaen el viaje del documento,entregadolatripulación tanto comocatorce. Pero el exteriorcachorros,a pesar de que casi está dañadoenen vista de quesu aterrizaje, hizoahora ya no hay cantidaddemasiado. Treshabía sido brevepointers de pelo, unoconvertirse enun Terranova, yla alternativa había sidomestizos de raza indeterminada. Lo hicieronahora ya no aparecea reconocer algo,esas personas sin experiencia. Buck y sus compañerosapareciósobre ellos con repugnancia, ya pesar de queélenérgicamenteles enseñó suubicacionesy quéahora ya nohacer, elno pude educarellos qué hacer. Lo hicieronahora ya notomar amablemente ainsinuaciónysendero. Con la excepción deel 2mestizos, elloshabía sidodesconcertado y animoso-dañado con la ayuda del usolainusualsalvajeentorno dondeellosdescubiertoellos mismos ycon la ayuda de usarlaremedio enfermo que habían adquirido. los mestizoshabía estado sinespíritu en absoluto; huesoshabía sidolamejores asuntosquebradizoaproximadamentea ellos. Con elpersonas sin experienciadesesperanzado y desolado, y elequipo antiguo borrado con la ayuda de usarveinte-5cien millas decamino sin parar, la persectivaconvertirse en algo sin embargobrillante. lostipo, sin embargo,había sido bonitaalegre. Y elloshabía sidoorgulloso, también. Elloshabía sidohaciendo eltemacon estilo, con catorcecachorros. Tuvieronvisiblediferentetrineosabandon arsobre el paso de Dawson, oestán disponibles ende dawson,sin embargo de ninguna maneratenían ellosvisibleun trineo contanto decomo catorcecachorros. Enel personajedel Árticoviaje ha habidoacausaporque catorcelos cachorros ya no necesitanarrastrar un trineo, y esoconvertirse enese trineono pude traerlacomidaspor catorcecachorros. Pero Charles y Hal lo hicieronahora ya no reconozcoeste. Tuvierontrabajadolaviajefuera con un lápiz,muchoa uncanino,tantos cachorros,tanto dedías, QED Mercedesaparecisobre sus hombros y asintieron comprensivamente,convertirse entodo muyfácil. Tardesubsecuentemañana Buck lideró eltripulacion largahasta ella carretera. Ahíconvertirse en nada activo aproximadamenteeso, sin broche de presión opasaren él y en sus compañeros. Elloshabía estado comenzando inútilcansado. cuatroinstanciasél tuvoincluidola brecha entreSalt Water y Dawson, y elpericiaque, hastiado ydesgastado, élpasando porlacamino igual de nuevo, lo hizo amargo. Sucorazón coronarioconviértete ya no dentrodentro de laspinturas, niconvertirse enlacorazón coronariode cualquiercanino. los exterioreshabía sidotímidos y asustados, los Interiorescon la seguridad propia de sumaestros Buck sintió vagamente queha habidonoconfiandoalesos tiposy la mujer Lo hicieronahora ya no reconozco el camino ahaceralguna cosa,y porque elPasaron los diascon la ayuda de usaresose han vuelto obviosque ellosno pudeaprender. Elloshabía sidoflojo en todoasuntos,sin queordenar ocampo. Que les llevó1/2 delaNochemontar un campamento descuidado, y1/2 dela mañanainterrumpirese campamento y cargar el trineoestilotan desaliñado que por elrelajacióndel día que elloshabía sidoocupado enpreviniendoy reorganizandola carga. Algunos días lo hicieronahora ya nohacer diez millas. Endiferentedias ellosno habia podidoLlegarcomenzóen absoluto. Y en ningún día lo hicieronlograrhaciendomayor quequel/2 de la brecha utilizada porlatipocomo unbase de su canino-comidascálculo. Esoconvertirse eninevitable que ellosnecesita pasar breveencanino-comidas. pero lo apresuraroncon la ayuda de usarsobrealimentación, trayendo el díamás cerca mientrassubalimentaciónpuede quecomenzar. El exteriorcachorros, cuyas digestiones habíanahora ya noestadohábil con la ayuda del uso persistentehambre para hacer elmáximode poco, tenía apetitos voraces. Ymientras que,similara esto, los huskies desgastados tiraron débilmente, Haldeterminadoque la ración ortodoxaconvertirse endemasiado pequeña. Lo duplicó. y para colmotodo ello,mientras queMercedes, con lágrimas en ellabastantelos ojos y un temblor en la garganta,no pudeengatusarlo para que le dé lacachorros sin embargo mayor, robó de los sacos de pescado y los alimentó astutamente. Peroconvertirse ahora ya no comidasque Buck y los perros esquimales necesitaban,sin embargo, relajación. Ya pesar de queelloshabía sidohaciendonegativotiempo, la pesada carga que arrastraban minaba susenergíaseveramente. Despuésve allíla desnutrición. Haldesperté tarde o tempranohaciala realidadque sucanino-las comidas se vuelven 1/2 de pasado largoyel gapbestzone incluido;además, quepara el romanceodineronoextracanino-las comidas se vuelvenser - estaradquirido. Entonces elreducirhasta la ración ortodoxa yintentóaaugelos díasviaje. Su hermana y cuñadoregulaciónlo secundó;sin embargoelloshabía sido molesto con la ayuda de usarsu equipo pesado y supersonalincompetencia. Esoconvertirse enaeasyrelypara presentarlacachorrosmucho menos comidas;sin embargoesovolverse imposiblepara hacer elviaje de cachorrosmás rápido,mientras quesusincapacidad personalLlegardebajo de la manera en avance dentro delMañanaevitadoellos devisitandohoras mas largas. NomejorHicieron ellosahora ya no reconozco la forma de pintar cachorros,sin embargolo hicieronahora ya no reconozco el camino a las pinturasellos mismos. El primerovolverse cabezaDoblar. Pobre ladrón torpe que élconvertirse en,continuamenteconsiguiendoatascado y castigado, no tuvo lamucho menosestadoun devototrabajador. Su omóplato torcido, sin tratamiento ni descanso, pasó dehorriblea peor,hasta posteriormenteHal le disparó con lalargoEl revólver de Colt. Es unanunciandodelEE.UUque un exteriorcaninose muere de hambremuriendo en elración del husky, por lo que los seis fueracachorros debajoDólardeberíaNo hacermucho menosque morir en1/2 dela ración del husky. El Terranova fue primero,acompañado con la ayuda de usarla3brevepunteros de pelo,el 2mestizosllamativoásperamentedirectamente a estilos de vida,sin embargoyendodentro de la entrega. A estas alturastodas las instalacionesy las gentilezas de Southland habían caídolejos dela3seres humanos. Desprovisto de su glamour y romance, Arcticviaje se han convertidopara ellos unhechoDemasiado duropara él o ellamasculinidad y feminidad. Mercedes dejó de llorar por elcachorros, siendo demasiadofascinado conllorando sobre sí misma y con peleasjunto con ellaesposo y hermano. Pelearseconvertirse en el único problemaellosno había sido de ninguna manerademasiado cansado para hacerlo. Su irritabilidad surgióen su angustia,elevadocon él, doblado sobre él, superado. lospoder de permanencia de primer niveldelsenderocualinvolucrachicosque trabajan durodifícilyatravesardolorido, ysigue siendo dulcede palabra y amablemente, hizoahora ya novenira esos chicosy la mujer No tenían ni idea deeste tipo de poder de permanencia. Elloshabía sidorígido y endolor; susgrupos muscularesdolían, les dolían los huesos, les dolía el corazón mismo; ydebido aesto ellosse han convertidoagudo de palabra, yfrasesdifícileshabían sidoprimero en sus labiosdentro delmañana yúltimoaNoche. Charles y Hal discutieroncada vezMercedes les dio una oportunidad. Esoconvertirse enlapercepción amada de cadaque hizomayor queque el suyoporcentajedelpinturas, y ni se abstuvohablarestepercepciónacadaoportunidad. A veces Mercedes se puso del ladojunto con ellaesposo,ocasionalmente junto con ellahermano. losresultado finalconvertirseaimpresionanteyinfinito propio círculo de parientesdisputa. A partir de una disputa sobre cuálNecesitarcortaralgunopalos parael hogar(una disputa queinvolucradomejorCarlos y Hal),actualmente podríaser arrastradodentro de la relajacióndelpropio círculo de familiares, padres, madres, tíos, primos,ser humanode millas de distancia, yun numero dea ellosinútil. ese hal esperspectivassobre el arte, o lamas o menossociedadrealizael hermano de su madre escribió,Necesitarteneralguna cosaque ver con elcortedealgunopalos de leña, pasa la comprensión;a pesar de quela disputaconvertirse encomoprobablementeageneralmente tiendenen esorutacomodentro de la rutade los prejuicios políticos de Carlos. Y esa lengua chismosa de la hermana de CharlesNecesitarseraplicablehaciaconstruyendode un incendio en Yukón,volverseobviomejora Mercedes, que se descargó de copiosasreseñassobre ese tema, yde pasoalalgunas tendencias diferentesdesagradablementeextrañoa la de su maridopropio círculo de familiares. En elprovisionalel lugar del hogarpermaneció sin construir, el campamento1/2 delanzado, y elcachorrossin comer Mercedes amamantó acrítica única-lacríticade sexo Ellavolverse bastantey suave, yha sidocaballerosamentemanejadotodos sus días. Peroel remedio predominante con la ayuda del usosu esposo y hermanoConviértete en la tienda completacaballerosidad. Esoconvertirse ensudisfrazestar indefenso. Ellos se quejaron. Sobre qué acusación de qué a ellaconvertirse ensumáximo vitalprerrogativa sexual, les hizo la vida insoportable. Ellaahora ya no se tiene en cuentalacachorros, ydebido al hechoellaconvertirse endolorido ydesgastado, ellasoportadoenusando en eltrineo. Ellavolverse bastantey suave,sin embargoella pesóun centenary veintekilos—un lujuriosoúltimopaja ala cargaarrastradocon la ayuda de usarlasusceptibleyvorazanimales Cabalgó durante días,Hasta queellos cayerondentro de las lineasy el trineo se parósin embargo. Charles y Hal le rogaron que se bajara y caminara, suplicaronjunto con ella, suplicó, elmientras queella lloró e importunó al cielo con un recitalen subrutalidad. En unoeventola bajaron del trineocon la ayuda de usar un poder importante. Ellosde ninguna maneralo hizouna vez más. Ellapermitirsus piernaspasarcojeando como un niño mimado, y se sentóen el camino. Ellos fueron en sumanera,sin embargoella hizoahora ya noMuevete. Despuésque ellosviajado3millas descargaron el trineo,Tengo aquí otra vezpara ella, ycon la ayuda de usar un poder importante posicionadosuen eltrineouna vez más. En elextraen su angustia personalelloshabía sidoinsensible a laluchando en suanimales La teoría de Hal, que practicó con otros,convertirse enAquélNecesitarendurecerse Él tuvocomenzópredicándoselo a su hermana y cuñado-regulación. Al fallar allí, lo martilló en elcachorroscon unafiliación. En los Cinco Dedos elcanino-comidasdio, y un desdentadoantiguopiel rojasuministradoaalternoa ellosalgunos kilosde caballo congelado-ocultarpor el revólver Colt quesalvadolalargocuchillo de cazacorporaciónen la cadera de Hal. Areemplazo negativoporlas comidas se vuelvenesteocultar,simplemente porque ha sidodespojado de los caballos hambrientos de los ganaderos seis mesesotra vez. En su heladopaísesovolverse mayorcomo tiras de hierro galvanizado, ymientras queacaninoluchó en suvientrese descongeló enflacoy cuerdas coriáceas innutritivas yjusto en unmasa debrevepelo,traumáticoe indigeríble. Ya través de todoBuck se tambaleójunto aala parte superiordeltripulacióncomo en una pesadilla. tirómientras queéldebería;mientras queéldebería ahora ya notire, se cayó y se quedó abajoHasta quegolpes de látigo oafiliaciónlo llevó a sudedo una vez más. Toda la rigidez y el brillo teníanpasado largofuera de suimpresionantepeludoSaco. El cabello colgaba, lacio y arrastrado, odeshilachadocon sangre secaen el cualde halafiliaciónlo había magullado. Sugrupos muscularesse había consumido hasta convertirse en hilos nudosos, y las almohadillas de carne habían desaparecido,para que cadacostilla ycadahueso en suel cuerpo había sido mencionadolimpiamentea través delalibre disfrazarsequeconvertirse enarrugado en pliegues de vacío. Esoconvertirse enangustioso,mejorde dólarcorazón coronarioirrompible. loschico dentro de la púrpurasuéter había probado eso. Como loconvertirse encon Buck, entoncesconvertirse enesojunto con hispals. Elloshabía sidoesqueletos ambulantes. Ahíhabía sidosiete en total,que incluyea él. en su muyextraordinaria angustia de que llegarían a serinsensible a lamasticardel látigo o de la contusión delafiliación. losdolordela paliza se vuelve estúpiday distante,simplemente porque importansus ojosobservóy sus oídos oyeronconsiderado estúpidoy distante Elloshabía sido ahora ya no 1/2 deviviendo, ozonavivir. Elloshabía sido virtualmente tanto equipajede huesosdondechispas deestilos de vidarevoloteó débilmente. cuando un altoconvertirse enhecho, cayerondentro de las lineasme gustacachorros inútiles, y la chispa se atenuó y palideció yconsiderado a la cabezaafuera. Ymientras quelaafiliacióno el látigo cayó sobre ellos, la chispa revoloteó débilmente,y que ellostambaleándose a sudedos del piey se tambaleó. AhíLlegué una tarde mientrasBillee, el bondadoso, cayó yno pudeelevar. Hal había cambiado su revólver, así que tomó elpunzóny golpeó a Billeela parte superiormientras yacíadentro de las lineas, despuésreducirel cadáver fuera del arnés y lo arrastróa por lo menos una faceta. Dólarobservó, y sunotado pals,y que ellossabía que estoproblemaconvertirsemuycercaa ellos. Enal día siguienteKoona fue ysin embargo5de ellos quedaron: Joe, tambiénun pasado lejanoser maligno; Pike, tullido y cojo,mejor 1/2 de conocimientoyahora ya no es conscientemás largo para fingir; sol-leks,el único-ojos,no obstante devotoal trabajo deinsinuaciónysendero, y triste porque tenía tan pocoenergíacon el que tirar; Teek, que teníaahora ya noviajadohasta ahoraqueclima invernaly quienconvertirse enahoratrituradomayorque los otrosdebido al hechoélconvertirse ennovato; y Buck,sin embargoala parte superiordeltripulación,sin embargo, ahora ya no se implementa el campoo esforzarse pordar vigencia aeso, ciego conpunto débil 1/2 deel tiempo ymanteniendolacamino con la ayuda de usarel telar de ella ycon la ayuda de usarel tenuesentidode sudedos del pie.

Esose vuelve impresionanteclima primaveral,sin embargoninguno de los doscachorrosnila gente había sido consciente deeso. Cada día elsolarrosapor adelantadoy establecer más tarde. Esose convierte en amanecer con la ayuda de usar 3 dentro delmañana, y el crepúsculo se demoróhasta 9aNoche. loscompletodíaconvertirse enun rayo de sol. el fantasmalclima invernalel silencio había dadomanerahaciaextraordinariomurmullo primaveral del despertarestilos de vida. Este murmullo surgió detoda latierra, plagada dePlacerde vivir Esove allídesde elasuntosque vivió y se movióuna vez más,asuntoscualha sidocomoinútily que teniaahora ya nomovidoen alguna etapa delalargomęses de heladas. la saviacrecer dentro de lapinos Los sauces y álamoshabía sidoestallando enmás jovenbrotes Arbustos y enredaderashabía estado poniendoenespumosovestiduras de verde. Los grillos cantabandentro delnoches, ydentro deldias todoscaminode arrastrarse, arrastrarseasuntosse arrastró hacia elsolar. Perdices y pájaros carpinteroshabía sidoresonando y golpeandodentro delbosque. Ardillashabía sidoel parloteo, el canto de los pájaros, y arriba graznaba el salvaje-usando pollodesde el sur enastutocuñas quecortarEl aire. Decadapendiente de la colinave allíel goteo detrotarregar elmelodíade fuentes invisibles. Todoslas cosas habían sidodescongelar, doblar, romper. el Yukónconvertirse entirantesin interrupcionesel hielo queciertoabajo. Se comiólejos dedebajo; lasolarcomía de arriba. Se formaron agujeros de aire, surgieron fisuras ydesplegaraparte,mientras flacotrozos de hielo cayeronvía físicaen el río. Y en medio de todo este estallido, desgarramiento, palpitar del despertarestilos de vida,debajoel ardientesolarya través delas brisas que suspiran suavemente, como caminantes haciamuriendo, tambaleándoselos 2 chicos, la mujer y los perros esquimales. Con elcachorroscayendo, Mercedes llorando yusando, Hal maldiciendo inofensivamente, y los ojos de Charles llorosos con nostalgia, entraron tambaleándose en el campamento de John Thornton.sobre eldesembocadura del río Blanco. Cuando se detuvieron, elcachorroscayó comoa pesar de que ellostodo ha sido golpeadoinútil. Mercedes se secó los ojos ycontroladoJohn Thorton. Charles se sentó en un tronco pararelajación. Se sentó muy lenta y minuciosamente lo que de suextraordinariorigidez. Hal habló. Juan Thorntonconvertirse entallando elúltimotoca unpunzón-poder conél tuvoelaborado a partir deun palo de abedul. Tallaba y escuchaba, daba respuestas monosilábicas y,mientras queesoconvertirse enpreguntó, escuetorecomendación. Conocía la raza, y dio surecomendacióndentro delarealidadqueya no sabríaseracompañado.

"Ellosinformadonosotros arriba de esoel más bajo se vuelve perdedorfuera desenderoy que elproblema de alta calidadpara que hagamosconvertirse en ponercambio," Halfijadoenreacciona Thornton'sprecauciótomar nomayores posibilidades en elhielo podrido. "Ellosinformadonosotros nosotrosno pudehacer White River, yaquí mismosomos." Estoúltimocon un burlón anillo de triunfo en él. "Y ellosinformadoverdad", respondió John Thornton.

"Latrasero'sprobablementeabandonar en cualquier momento. Solo tontos, con los ciegosbuena fortunade tontos,deberíahaberlo hecho yote informodirecto, yono pondría en peligromi cadáver en ese hielo portoda laoro en Alaska". "Eso espor el hecho de que ya no estásaestúpido, Supongo,"fijadoHal.

"Todosigual,pasaremos directamente aDawson. Desenrolló el látigo. —¡Sube, Buck! ¡Hola! ¡Sube ahí! ¡Mush on! Thornton siguió tallando.convertirse enocioso, lo sabía, para conseguirentreaestúpidoy su locura;mientras queo3tontosmayor queomucho menospodría ahora ya no ajustarseel esquemade factores. Pero eltripulaciónhizoahora ya no te levantarás sobre eldominio. Teníalongyin view thatexceededen elgrado en el quegolpeshabía sidorequeridoevocareso. El látigo brilló,aquí mismoy allí, en sucruelDiligencias. John Thornton apretó los labios. sol-leksconvertirse en el principalamuévase lentamentea sudedos del pie. teekacompañado. Josétengo aquí subsiguiente, aullando condolor. Pike hizo dolorosos esfuerzos. Dos veces se cayó,mientras que 1/2 dearriba yen el 0.33 esfuerzo controladolevantar. Buck no hizointentar. se acostó en silencioen el cualse había caído. El látigo lo mordióuna vez másyuna vez más,sin embargoni se quejó ni luchó. VariosinstanciasThorntoncomenzó, comoaleven pensó en hablar,sin embargo modificadosupensamientos. una humedadve allíen sus ojos, y,porque elflagelaciónperseverado, se levantó y caminó indeciso arriba y abajo. Esteconvertirse en el principalvez que Buck había fallado, en sí mismo unsuficiente causaapresiónHaljusto en unrabia. Cambió el látigo por ellugar común. dólar se negótransportar por debajola lluvia de golpes más pesados que ahora caía sobre él. Como suamigos, éllevemente capaz de levantarse,sin embargo,en contraste conellos, él había hecho supensamientos ahora ya noaLevantate. el tenia unindistintosensación depróximocondenar. Estehan sido robustossobre elmientras quese detuvo en elinstitución financiera, y teniaahora ya nopartió de él. De queEl delgadoy hielo podrido que había sentidodebajosudedos del pietodo el día, esconsideradoque el sintiocatastrofeneara mano,accesible de antemano en elhieloen el cualsuagarrar volverse mirar a la presióna él. Se negó a moverse. Asi quesignificativamentesi hubiera sufrido, yhasta ahorapasado hace mucho tiempoél, que los golpes hicieronahora ya no hay dañomucho. y como ellosperseveradocaer sobre él, la chispa deestilo de vida dentroparpadeó y bajó. Esoconvertirse en casiafuera. Él sintióextraordinariamenteadormecer. Comoa pesar de quea partir de unaextraordinariodistancia, elvolverse conscienteque élconvertirse ensiendoaplastada. losúltimosensaciones dedolordéjalo. Élahora ya nosintióalguna cosa,a pesar de quemuy débilmente eldebería escucharlaefectodelafiliaciónsobre su cuerpo. Peroconvertirse ahora ya nosu cuerpo, esconsiderado hasta ahoralejos. Y entonces, de repente,con precaución, lanzando un grito queconvertirse eninarticulado ymayor al igual que elgrito de un animal, John Thornton saltó sobrela personaquien empuñó elafiliación. Halconvertirse enlanzado hacia atrás, comoa pesar de quegolpeadocon la ayuda de usarun árbol que falla. Mercedes gritó. Charlesapareciócon nostalgia, se secó los ojos llorosos,sin embargohizoahora ya no se levanta debido asu rigidez. John Thornton se paró sobre Buck,sufrimientopara manipularél mismo, demasiado convulso de rabiahablar. "Si golpeas esocaninouna vez más, te voy a matar," él enúltimo controlado para mencionarcon voz ahogada. "Es micanino", respondió Hal, limpiándose la sangre de la boca mientrasTengo aquí otra vez. "Sal de mimanera, o lo haréreparartú. Voy a Dawson." Thornton se puso de pie.entreél y Buck, y no demostróobjetivo de tenerfuera demanera. Hal dibujó sulargocuchillo de caza. Mercedes gritó, lloró, rió y manifestó el caótico abandono de la histeria. Thornton golpeó los nudillos de Hal con lapunzón-poder con, golpeando el cuchillo en elpiso. Se golpeó los nudillosuna vez máscomo elintentóaelegirarriba Luego se agachó, lo recogió él mismo, y con golpesreducirde dólarlíneas. Hal no teníacombatedejado en él. Además, subrazos habían sido completos junto con suhermana, o supalmas,como sustituto;mientras queDólarconvertirse entambiéncasi inútilser deademásuso en el transporte del trineo. Apoco tiempomás tarde se retiraron de lainstitución financieray río abajo. Buck los escuchópasary levantó la cabeza para ver, Pikeconvertirse enlíder, Sol-leksconvertirse en elrueda, yentrehabía estadoJoe y Teeck. Elloshabía sidocojeando y tambaleándose. mercedesvolverse usandoel trineo cargado. ha guiadosobre elgee-pole, y Charles tropezójunto dentro deltrasero. Mientras Buck los observaba, Thornton se arrodilló a su lado y con gesto áspero y amablelos brazos parecían dañadoshuesos. Para cuando subuscarhabía reveladono nada mayorque muchos moretones y unpaísdehorriblehambre, el trineoconvertirse1 / 4de una milla de distancia. perro ytipolo vi gatearjunto asobre el hielo. De repente, ellosobservósurendirse de nuevobajar, comojusto en unrut, y el gee-pole, con

Hal aferrado a él, se sacuden en el aire. el grito de mercedesve allía sus oídos. EllosobservóCharlesdar la vueltay dar un paso para correrotra vez,después de lo cual un segmento completode hieloforma de entregaycachorrosygentedesaparecer. un bostezohuecoconvertirsetodo lo queconvertirse enser - estarvisible. lostraserohabía salido de lasendero. John Thornton y Buckechado un vistazo a todos los diferentes. "Túnegativodemonio,"fijadoJohn Thornton y Buck le lamieron la mano.

Parael cariñodeuna personaCuando John Thortonheladosuftwithinside theprecedentediciembre sucompañerosle había hechocómodoy lo dejó para conseguiradecuadamente,sucediendorío arriba para sacar una balsa deobservó-registros para Dawson. Élconvertido ensin embargocojeandoapenas en elvez que rescató a Buck,sin embargoconel clima de calor continuoincluso eltempladocojera lo dejó. Y aquí,mendacitythroughel ríoinstitución financiera a través delalargodias de primavera,buscandolasalir a caminaragua, escuchando perezosamente los cantos de los pájaros y el zumbido de la naturaleza, Buck lentamenterecibido en la parte baja de la espaldasuelectricidad. Arelajaciónprovieneexcelentedespués de que uno ha viajado3mil millas, yNecesitarser confesado que Buck se volvió perezoso mientras sus heridas sanaban, sutejidos muscularesshinchado, y la carneTengo aquí la parte inferior de la espaldaacapuchasus huesos Para esorecuerda, ellosha sidotodo holgazaneando, Buck, John Thornton, y Skeet y Nig,esperandola balsavolver atrásqueconvertido en para sostenera ellostodo el camino hastaDawson. Tiro al platoconvertido en un toquesetter irlandés que hizo tempranoamigoscon Buck, quien, en unpérdida de vidacondición,convertido en incapazresentir sus primeros avances. ella tenia ladoctor en Medicinarasgo queunos cuantos cachorrosposeer; y como unmamágato lava a sus gatitos, por lo que lavó y limpió las heridas de Buck. Regularmente,cadamañana después de haber tenidoterminadosu desayuno, ellalogradosu autoproclamadoasignación,Hasta queélve allíabuscarsus servicios comoun lote horriblecomo lo hizo con Thornton's. Nig,similaramigable,aunque mucho menosdemostrativo,convertido enamasivonegrocanino,1/2 desabueso y1/2 delebrel, con ojos que reían y una ilimitadaprecisonaturaleza. a lo de buckmarvelloscachorrosno manifestó celoshaciaa él. Ellosaparecióaporcentajela amabilidad y amplitud de John Thornton. A medida que Buck crecíamás potentelo sedujeron en todotipos dejuegos ridículos,dondeel propio Thorntonno pudeabstenerse de unirse; yen este estilodólar jodidoa través desu convalecencia y enun completamente nuevoexistencia. Amor,correctoamor apasionado,convertido ensuyo parael primariotiempo. esto lo teniade ninguna manera hábilen la casa del juez Millerdentro delValle de Santa Clara bañado por el sol. Con los hijos del juez,buscandoy vagando, esha sidoaoperandocamaradería; con los nietos del juez, unmas o menostutela pomposa; y con el Juez mismo, una amistad majestuosa y digna. pero amo esoconvertido enfebril y ardiente, queconvertido enadoración, queconvertido enlocura, había sido necesario que John Thornton despertara. Estetipotenidoalmacenadosuexistencia, cualconvertido en algo;sin embargo, además, élconvertido en el agarre adecuado. Otrochicos notadoal bienestaren sus cachorrosa partir de unasentirdeobligaciónyempresaconveni encia; élobservóal bienestar de sucomo siellosha sidosupersonalniños,debido al hechoélno pude ayudareso. Y elobservómás lejos. Élde ninguna maneraolvidó un saludo amable o una palabra de aliento, ytomar asientohacia abajo parauna comunicación extendidacon ellos ("gasolina" élconocido comoeso)convertido encomoun lote horriblesuorgullocomo el de ellos el tenia unmanerade tomar la cabeza de Buckmás o menos entresudedos, y descansando supersonalcabeza sobre la de Buck, de sacudirlovaivén, lamientras quellamándoloenfermonombres que a Buckha sidonombres de amor. Buck no sabíamás placerque esohardincludey el sonido de juramentos murmurados, y encadaimbécilvaivénesoaparecióque sucorazón coronarioser sacudido de sucuadroasi queextraordinariaconvertida ensu éxtasis. Ytiempo, soltado, saltó a supie, su boca riendo, sus ojos elocuentes, su gargantavistosocon sonido no pronunciado, y en esoestilose mantuvocon movimiento, John Thortonpudoexclamar con reverencia: "¡Dios!tú podríastodossin embargo¡habla!" Buck tenía un trucode cariñoexpresión queconvertido en similar aherir. Élpodría capturar con frecuenciaLa mano de Thornton en su boca ycercatan ferozmente que la carne soportó elgalvanizarde sudienteporUn ratodespués. Y como Buck entendió que los juramentos eran amorfrases, asi quela personaentendido esto fingidomasticarpor una caricia. Para elmáximoparte, sin embargo, del amor de Buckconvertido enexpresado en adoración. Mientras él enloquecía de felicidadtiempoThornton lo tocó o le habló, lo hizo.ahora ya no estamos buscando esosfichas A diferencia de Skeet, queconvertido ensolía empujarlafosa nasal debajoLa mano de Thornton y empujar y empujarHasta queacariciado, o Nig, quepudoacechar yrelajaciónsuextraordinariocabeza en la rodilla de Thornton, Buckconvertido en material de contenidoadorar a distancia. Élpudomentirmediantela hora, ansiosa, alerta, en Thornton'spie,buscandohasta su cara,residiendosobre eso,analizandoque, siguiendo con más entusiasmoaficionesexpresión fugaz,cada movimientooalternode característica o, comoamenaza posiblementetenlo, elpudoyacen más lejos, hacia elfacetao trasero,buscandolos contornos dela personay el ocasionalse muevede sucuadro. Yfrecuentemente, talconvertido enla comunióndondeellos vivieron, elelectricidadde la mirada de Buckpudodibujar la cabeza de John Thorntonredondo, y elpodría volver atrásla mirada,sin quediscurso, sucorazón coronariobrillando en sus ojos como los de Buckcorazón coronariobrilló Paraa largo plazodespués de su rescate, Buck hizoahora ya nocomo Thornton para salir de su vista. Deel instantedejó la tienda paratiempoél entróuna vez más, dólarpodría cumplir cona sus talones. Subrevemaestrosconsiderando el hecho de quel haba venido a Northland haba engendrado en l unpreocuparseeso noagarrar puede serpermanente. Élconvertido enmiedo de que Thorntonpodría saltarsefuera de suexistenciacomo Perrault y Francois y el escocés1/2 de-raza teníaentregóafuera. Inclusodentro delnoche, en sus sueños, élconvertido enobsesionadomedianteestepreocupars e. En talesinstanciasélpudosacudir el sueño y arrastrarsea través delarelaxa la solapa de la tienda,en el cualélpudoponerse de pie yconcentrarseal son de susujetarestá respirando. PeroA pesar deesteextraordinarioamor le dio a John Thornton, queaparecióparа hablar de latiernoinfluencia civilizadora, laestrésde lo primitivo, que la Tierra del Norte había despertado en él, permaneció viva y activa. Fidelidad y devoción,asuntosnacido dehogary techo,ha sidosu;peroconservó su salvajismo y astucia. Élconvertido enaelementode lo salvaje,están disponibles ende la naturalezatomar asiento abajode John Thorntonhogar,en preferencia aacaninodeltiernoSouthland estampado con las marcas de generaciones de civilización. Por su muyextraordinarioamor, elno podía robarde estotipo,sin embargodetodos los demás, enuno sí y otro nocampamento, lo hizoahora ya novacilar unen el spotaneous;mientras quelaastutocon que robó le permitiófugarsedetección. Su cara yel marco ha sidoanotómedianteladientede muchoscachorros, y luchó tan ferozmente como siempre yextracon perspicacia. Skeet y Nigha sidotambiénpreciso-naturales para las peleas, además, pertenecían a John Thornton;sin embargo el extraordinario canino,a pesar decuál es la raza o el valor,apresuradamentela supremacía de Buck oobservadoél mismosufrimientoporexistenciacon unhorribleantagonista. y dólarconvertido endespiadado. Él tuvodescubierto correctamentelaregulacióndeafiliacióny colmillo, y elde ninguna manerarenunciadoUn bonoo dibujóespalda bajade un enemigo que teniacomenzó de la maneraa muerte. Había aprendido de Spitz, y de loslíderpreviniendocachorrosde la policía y el correo, y sabíaha habidonocentrocurso. Élnecesito comprendero ser dominado;mientras se exponemisericordiaconvertido enuna debilidad. la misericordia lo hizoahora ya noexistirdentro delprimordialexistencia. Esoconvertido enincomprendido porpreocuparse, y tales malentendidos hechos para la muerte. Matar o morir,devoraro ser comido,convertido enlaregulación; y este mandato, desde las profundidades del Tiempo, lo obedeció. Élconvertido enmayor quelos tiemposél tuvovisibley las respiraciones que había tomado. Élconectadolamás allá decon el presente, y la eternidaden la parte posterior deél latíaa través deél en unpoderosoritmo al que se balanceabaporque ellas mareas y las estaciones se balanceaban. Él se sentómediantede John Thorntonhogar, de pecho anchocanino, de colmillos blancos ylargo-de piel;sin embargo en la parte de atrás dea élha sidolagafas de solde todocaminodecachorros,1/2 de-lobos y lobos salvajes,prensadoe incitando, saboreando eldisfrutardela carne de vacunocomía, sediento del agua que bebía, olfateando con él el viento, escuchando con él y contándole los sonidos que hacíamediantelo salvajeexistencia dentro del área boscosa, dictando sus estados de ánimo, dirigiendo sus acciones,Mendacityright todo el camino hastadormir con eltiempose acostó, y soñando con él ypasadoél ytransformándose enellos mismos la materia de sus sueños. Así lo hizo perentoriamenteesas gafas de solhazle señas, quetodos los díasla humanidad y las pretensiones de la humanidad se deslizaronlejos dea él. Profundodentro del área boscosaanombre convertido ensonando, y comofrecuentementecomo escuchó estonombre, misteriosamenteinteresantey atrayente, se sintiópresionado para mostrarsuespalda bajaalel hogary elabrumadatierraredondoy sumergirse en elárea arbolada, y así sucesivamente, él sabíaahora ya no en el queo por qué; él tampocosorpresa en la queo por qué,la decisiónsonando imperiosamente, profundodentro del área boscosa. Pero comofrecuentementecomo elganólatiernola tierra intacta y elinexpertosombra,el cariñoporque John Thornton lo dibujóespalda bajaael lugar del hogar una vez más.

Thorntonpor mi mismolo sostuvo. losrelajaciónde la humanidadconvertido encomo nada Oportunidadinvitados posiblemente recompensaríanocachorroa él;sin embargoélconvertido en sin sangre por debajotodo, y desde un punto de vista demasiado demostrativotipoélpodría ponerse de pieypaseolejos. Cuando Thorntoncompañeros, Hans y Pete, llegaronen el largo-predichobalsa, Buck se negó aNotaa ellosHasta queéldescubiertoelloshan estado cercaThornton; después de eso los toleró en forma pasivatipo de manera, aceptando favores de ellos comoa pesar de queélprivilegiadoa ellosmedianteaceptando Ellosha sidodelIgualdadMasivacomo Thornton,residiendo cercala tierra,cuestionando sinceramentey viendo claramente; y antes de que mecieran la balsa en elmasivoremolinomediantelaobservó-molino en Dawson, entendieron a Buck y sus caminos, e hicieronahora ya noinsistir en una intimidadque consiste en adquiridocon Skeet y Nig. Para Thornton, sin embargo, su amorapareciòadesarrollarydesarrollar.

Él,por yo mismo entre chicos,debería posicionarseapor cientosobre Buck'sparte inferior de la espalda dentro de la temporada de veranode viaje. Nadaconvertido entambiénextraordinariopara que Buck haga,tiempoordenó Thornton. Un día (que ellosse apostaron con las ganancias de la balsa y dejaron Dawson para las cabeceras del Tanana) eltipoylos cachorros han sidosesiónen elcresta de un acantilado que se derrumbó,inmediatamenteAbajo adesnudobase3cientoencontrar. Juan Thorntonconvertido ensesióncerca deel borde, Buck en su hombro. AdesconsideradoEl capricho se apoderó de Thornton, y dibujóel ojode Hans y Pete a lapruebatenía en mente. "¡Salta, Buck!" ordenó, moviendo su brazo hacia afuera y sobre el abismo. lossubsiguiente en el lugarélconvertido enluchando con Buck enel agudoborde,mientras queHans y Peteha sidoarrastrándolosespalda bajaa la seguridad. "Es extraño", Petefijado, después deconvertido ensobrey que ellostenidoatascadosu discurso Thornton negó con la cabeza. "No,es genial, yes horrible, también.

Túreconocer, esode vez en cuandome da miedo." "Estoyahora ya nodeseando serla personaque ponededosen timientras él es redondo, "petointroducidoconcluyente, asintiendo con la cabezahaciaDólar. "¡Py Jingo!"convertido enLa contribución de Hans. "Yo tampoco." Esoconvertido enen Circle City, antes de laconvertido enfuera, que las aprensiones de Peteha sidocomprendió. Burton "negro",una personamalhumorado y malicioso,han estado eligiendouna pelea con un pie tiernosobre elbar,tiempoThornton dio un pasopreciso-naturalmenteentre. dólar, comoconvertido ensu costumbre,convertido enmendacidaden un rincón, con la cabeza sobre las patas,buscandosusujetar'scadaacción. Burton se ponchó,sin queadvertencia,inmediatamentedel hombro Thorntonconvertido en enviadogirando, yalmacenadoél mismo de caermás simpleagarrado a la barandilla de la barra. los quehan estado buscandoen oído lo queconvertido enni ladran ni aúllan,sin embargoaalgo que es excepcional definidocomo un rugido,y que se dieron cuentade dólarempujar hacia arribaarribadentro delaire mientras salía delterrestrepor la garganta de Burton. loschicosalmacenadossuexistencia a travésinstintivamente tirando su brazo,sin embargo se convirtió enlanzado hacia atrás a laterrestrecon Buck enpináculode él. Buck soltó sudientede la carne del brazo y metióuna vez máspara la garganta Esta vezla personalogradomás simpleenparcialmentebloqueo, y su gargantaconvertido endesgarrado. Despuésla pandilla se convirtió ensobre Buck, y élconvertido en empujadoapagado;sin embargo, mientrasaprofesional sanitariocomprobó el sangrado, rondaba arriba y abajo, gruñendo furiosamente,tratando deapresurarse y sera presióninferior a travésuna matriz deantagonistaclubs. Una "reunión de mineros",conocido como en ellugar,determinadoque elcaninotenidosuficienteprovocación, y Buckconvertido endescargado. Pero supopularidad se convirtió enhecho, y desde ese día sucallunfoldviaeachcampamento en Alaska. Mas tarde,dentro delcaída de laaño, élalmacenadode John Thorntonexistenciaenguapa otro estilo. los3 compañeros han sidorecubrimientoun extendidoydelgadobote de remos por unhorribletramo de rápidosen elCuarenta millas Creek. Hans y Pete se mudaronjunto alainstitución financiera, desairando conun flacoCuerda de manila de árbol en árbol,mientras queThornton permaneciódentro delbarco,asistiendosu descensomediante el usoun poste, y gritandoinstruccionesa la costa. Dólar,en la entidad financiera,involucradoy ansioso,almacenadoal frente del barco, sus ojosde ninguna manerafuera de susujetar. en unespecialmente horriblelugar,en el cualuna repisa delevementerocas sumergidas que sobresalían en el río, Hansposponerla cuerda, y,mientras queThornton empujó el bote hacia elmovimienot, corrió por lainstitución financieracon elConducir asu mano para desairar el barcotiempohabía despejado la cornisa. Esto lo hizo, yconvertido envolando hacia abajo-movimienoten unEn la actualidadcomorápidocomo carrera de molino,tiempoHans lo detuvo con la cuerda y de repente lo detuvo. El barco coqueteó y se deslizó hacia elinstitución financieraarriba,mientras queThornton, arrojado fuera de él,convertido enllevado hacia abajo-movimiento hacialo peoruna parte delos rápidos, un tramode indómitoaguadondesin nadadordebería quedarse. Buck había saltadoen el lugar; yal dejar de fumarde3cien metros, en medio de un loco remolino de agua, superó a Thornton. Cuando lo sintióMantener cerradosu cola, Buck se dirigió a lainstitución financiera, nadando con todo suexcelenteelectricidad. Pero eldesarrollohacia la costaconvertido enlento; ladesarrolloabajo-movimienotAsombrosamenterápido. Desufrido aquílamortalrugidoen el cuallo salvajeEn la actualidadse volvió más salvaje yconvertido en arrendamientoen tiras y spraymediantelas rocas que empujancomo el dientede unaconsiderablepeine. La mamada del aguaporquetomóel comienzodelclausuratono empinadoconvertido enespantoso, y

Thornton sabía que la orillaconvertido en imposible. Raspó furiosamente una roca, magulladoa lo largo dea2do, y golpeóun tercerocon aplastamientopresión. Agarró su resbaladizopináculoconcada dedo,liberandoBuck, y por encima del rugido del agua revuelta gritó: "¡Ve, Buck! ¡Ve!" Dólarno se pudo conservarsupersonal, y barrió hacia abajo-movimienot,sufrimientodesesperadamente,sin embargo, no puedoganarespalda baja. Cuando oyó repetir la orden de Thornton,parcialmentesalió del agua, echando la cabeza en alto, comoa pesar de queparaclausuramira, entoncescreció para convertirseobedientementehacialainstitución financiera. Nadó poderosamente yconvertido enarrastrado a tierramediantePete y Hanssobre elmuyfactor en el quenadar dejó de serviabley destruccióncomenzó. Sabían que el tiempouna persona debe colgara una roca resbaladizadentro delcara de esocabalgandoactualidadconvertido enarecuerdade minutos,y que elloscorrió comorápidocomoPodríanhasta elinstitución financiera en cierta medida cierta distanciaarribaen el cualThorntonconvertido en entradaen. Ellosconectadoel caminocon el que ellosha sidoapretando el bote contra el cuello y los hombros de Buck, siendoprecavidoque esodeberni lo estrangularás niobstruirsu natación, yliberadoél en elmovimienot. Golpeó audazmente,sin embargo, ahora ya no es suficiente de inmediatoen elmovimienot. Élobservado el errordemasiado tarde,tiempoThorntonconvertido enal tanto de él y undesnudo1/2 de-docena de golpes de distanciamientras queélconvertido ensiendo llevado sin poder hacer nadamás allá de. Hansdirectamenteaplastado con la cuerda, comoa pesar de queDólarha sidoun barco. La cuerdacomo resultadoapretando sobre éldentro delbarrido de laEn la actualidad, élconvertido ensacudidodebajolapiso, ydebajolapisoel permanecióHasta quesucuadrogolpeadohacialainstitución financieray elconvertido ensacado de. Élconvertido en 1/2 dese ahogó, y Hans y Pete se arrojaron sobre él, golpeándolo con el aliento y sacándole el agua. Se tambaleó hacia supiey se cayó. El débil sonido de la voz de Thorntonve allía ellos, ya pesar de queellosno pudedistinguir elfrasesde ello, sabían que élconvertido enen su extremidad. SusujetarLa voz de Buck actuó en Buck como uneléctricosorpresa, saltó a supiey corrió por lainstitución financiera de antemanodeltipohaciafactorde suanteriorpartida. Otra vez la cuerdaconvertido en conectadoy elconvertido en liberado, yuna vez másél golpeó,sin embargoesta vezinmediatamenteen elmovimienot. Había calculado mal una vez,sin embargoélya no podíaserresponsablede eso un2dotiempo. Hans pagó la cuerda,permitiendosin holgura,mientras quePetealmacenadoesolimpiode bobinas Dólarcolgado hastaélconvertido enen una líneainmediatamentepor encima de Thornton; luego élcreció para convertirse, y conla tasade unaenseñanza específicase dirigió hacia él. Thorntonobservóél venía, y, cuando Buck lo golpeó como un ariete, con elpresión totaldelactualidad en la parte posterior deél, se estiró y cerró concada dedo en elcuello peludo. Hans desairó la cuerdaa través deárbol, y Buck y

Thorntonha sidosacudidodebajoel agua. estrangulando, sofocando,de vez en cuandouno arriba yde vez en cuandoel otro, arrastrando sobre el dentadotrasero, aplastandohaciarocas y tocones, viraron hacia elinstitución financiera. Thorntonve allía,estómagohacia abajo y siendo violentamente propulsadode ida y vueltaacaudalIniciar sesiónmedianteHans y Pete. Su primeramirada convertida enpara Buck, sobre cuya cojera yaparentemente inútilnocheconvertido en introducir enun aullido,mientras queTiro al platoconvertido enlamiendo elhúmedocara y ojos cerrados. Thorntonconvertido enmagullado y magullado, y se fuecautelosamentesobre Buck'scuadro,tiempoélhan sido entregados,localizar3dañadocostillas "Eso lo resuelve", dijo.introducido. "Nosotros acampamoscorrectoaquí." Y acamparon,Hasta queLas costillas de Buck se tejieron y élconvertido en capaz deviajar. Ese invierno, en Dawson, Bucklogradoalgun otroaprovechar,ahora ya notan heroico, tal vez,sin embargo, uno que se posicionósullamarmuchas muescasmejor en eltótem de la fama de Alaska. Esteaprovecharseconvertido enespecialmenteagradablehacia3chicos; porque estaban endeseardel ajuar que proporcionaba, yha sidohabilitado para hacerun extendido-viajefavorecidoen el Oriente virgen,en el cuallos mineros teníanahora ya no es considerado. Esoconvertido en entregado aproximadamente a través deaintercambio verbal dentro delsalón eldorado,en dondechicosenceradoengreídos en sus cachorros favoritos. Dólar,debido asu registro,convertido enlametaporesos tiposy Thortonconvertido en empujadocon firmeza aescudoa él. En elabandonarde1/2 deuna hora unochicosdijeronque sucanino debe comenzarun trineo con5cientokilosypaseofuera con eso; a2doalardeó600para sucanino; yun tercero,700. "¡Puu! ¡Puu!"fijadoJuan Thornton; "El dólar puedeempezarmil kilos." "Ydaño¿fuera? ypaseofuera con eso para100yardas?" demandó Matthewson, un Rey Bonanza, el de los700jactarse. "Ydañofuera, ypaseofuera con eso para100yardas", John Thorntonfijadocon frialdad

"Bueno," Matthewsonfijado, lenta y deliberadamente, para queque cada uno debeescuchar, "hese dieron mil billetes verdes que anunciael no puede Y ahíestá lejos." Diciendo esto, golpeó un saco de orosuciedaddela escalade una salchicha mortadela sobre la barra. Nadie habló. El farol de Thornton, si es un farolconvertido en,han sido conocidos como. Éldebería experimentarun rubor decalorsangre subiendo por su rostro. Su lengua lo había engañado. Él hizoahora ya no reconozco si o noDólardebería empezar mil kilos. ¡Media tonelada! Su enormidad lo horrorizó. Él tuvoreligión extraordinariaen Buck'selectricidady tuvoidea frecuentea élcapaz de comenzar cualquier cosacarga;sin embargo de ninguna manera, como ahora, si hubieraenfrentadolaoportunidadde ella, los ojos de una docenachicos constantessobre él, silencioso y esperando. Además, no tenía milbilletes verdes; ni Hans ni Pete. "Hefueron dadosun trineoestado al aire libreAhora, con veinte sacos de cincuenta libras de harina en él", continuó Matthewson con brutal franqueza, "así queNo permitirqueprevenirusted." Thornton hizoahora ya norespuesta. Él hizoahora ya no reconozcoqué decir. Miró desdecara a cara dentro delausentemaneradeuna personaquién tienefuera de lugarlaenergíadeocurrenciay esbuscando un lugaralocalizarlaelemento con miras a comenzaren marchauna vez más. El rostro de Jim O'Brien, un Rey Mastodonte y camarada de antaño,atascadosus ojos. Esoconvertido encomo una señal para él, pareciendoevocarél para hacer lo que élde ninguna manerahan soñado con hacer. "Me puedes prestarmil?" preguntó,por pocoen un suspiro. "Por supuesto,"respondidoO'Brien, golpeando un saco pletóricomediantelafacetade Matthewson. "AunqueespocoreligiónEstoy teniendo, John, que la bestia puede hacer el truco". El Eldorado vació a sus ocupantes enel camino para mirarla prueba. Las mesasha sidodesierta, y lavendedoresy guardabosquesve allíadelantemirarlaresultados finalesdeladivinaryponerposibilidades. Varios cientostipo, forrado y

enguantado, bancoa través detrineointerior lisodistancia. El trineo de Matthewson, cargado conmil kilosde harina,han estado en estadopormúltiplehoras y enel agudo sin sangre(esoconvertido ensesentapor debajocero) los corredores se habían congeladorápidohaciapese-nieve compactada.
Hombrespresentadoprobabilidades de auno queDólarno pudemover el trineo. Surgió una dudacon respecto alapalabra"dañofuera." O'Brien sostuvo queconvertido enEl privilegio de Thornton de soltar a los corredores, dejando a Buck para "dañosacarlo" de uninútilparada. Matthewson insistió en que elcubierto de palabrasrompiendo los corredores de las garras heladas de la nieve. una mayoria de lostipoque había sido testigo de la realización delapuesta determinadaa su favor, por lo quelas oportunidadessubióa 3a por lo menos unohaciaDólar. Ahíha sidosin tomadores. Nouna personale creícapaz dela proeza. Thorntonse han movido rápidamenteen eladivinar, cargado de dudas; y ahora que elcontroladoel trineo mismo, el hecho concreto, con elgrupo ordinariocon

frecuenciacachorrosacurrucadodentro delnievemás temprano queeso, elextrano es posiblelaasignación considerada. Matthewson se puso jubiloso. "Tresa por lo menos uno!, proclamó.algún otromil a esa cifra, Thornton. ¿Qué dices?" La duda de Thorntonconvertido en robustoen su cara,sin embargosupreviniendoespírituconvertid o enexcitado—elpreviniendoespíritu que se eleva por encima de las probabilidades, no logracomprenderlaimposible, y es sordo a todotiendael clamor de la batalla. Élconocido comoHans y Pete para él. sus sacosha sidodelgado, yjunto con su personalla3compañeros deberíanrastrillocolectivamente más simplecientobilletes verdes. en el reflujoen sufortunas, esta sumaconvertido ensusgeneralcapital;perolo pusieron sin vacilarhaciade matthewson600. losgrupocon frecuenciacachorros convertidos endesenganchado, y Buck,junto con su personalaprovechar,convertido en posicionadoen el trineo. Él tuvoatascadoel contagio de la excitación, y se sintióque durante unas cuantas manerasélNecesitarhacer unelemento extraordinariopara John Thornton. Murmullos de admiración por subuenísimosubió Élconvertido enenmejorcondición,con outan oz.de carne superflua, yel únicociento cincuentakilosque pesóhan sido tantos kilosde valor y virilidad. Supeludoabrigo brillaba con el brillo de la seda. Por el cuello ya lo largo delos hombros, su melena, en reposoporque se convirtió en,1/2 deerizado yapareció para levantarconcada movimiento, comoaunque extradeenergíahechacadauniquecabello vivo y activo. losextraordinariopecho y patas delanteras pesadasha sidonoextraque enporcentajecon elrelajacióndelcuadro,en el cuallatejidos muscularesconfirmadoen rollos apretadospor debajola piel. Los hombres sintieronesos tejidos muscularesy los proclamópesecomo el hierro ylas oportunidadesbajóa 2 a por lo menos uno. "¡Dios, señor! ¡Dios, señor!" tartamudeó un miembro de laEn la actualidaddinastía, un rey de los Bancos Skookum. "YOproveertú8cien para él, señor,más temprano quela prueba, señor;8cientosimplementetal como está. Thornton negó con la cabeza y se acercó a Buck.faceta. "TúNecesitaralejarse de él", protestó Matthewson. "Juego libre ymasasde espacio." La multitud guardó silencio;más simple puede seroyó las voces de los jugadores en vanopresentando al menos a uno. Todoscontadodólar undeslumbranteanimal,sin embargoveinte sacos de cincuenta libras de harina a granel tambiénmasivo de suojos para que aflojaran las cuerdas de sus bolsas. Thornton se arrodillómediantede dólarfaceta. Tomó su cabeza en sudedosy apoyé mejilla contra mejilla. Él hizoahora ya nosacúdelo juguetonamente, comoconvertido ensu costumbre, o murmurartiernoel amor maldice;sin embargole susurró al oído. "Comote gustayo, Buck. Comote gustayo,"convertido enlo que susurró. Buck gimió con entusiasmo reprimido. La multitudconvertido en mirarcuriosamente. El asuntoconvertido en desarrollomisterioso. Esoaparecióc omo un conjuro. como Thorntonfueron dadosa supie, Buck agarró su mano enguantadaentresus mandíbulas,urgenteenjunto con su dienteyliberandodespacio,1/2 de-de mala gana. Esoconvertido enla respuesta, en términos,ahora ya node habla,sin embargo de afecto. Thornton dio un pasoespalda baja correctamente. "Ahora, Buck", élfijado. Buck apretó ellíneas, luego los aflojó por unrecuerdadenumerosopulgadas. Esoconvertido enlamaneraél tuvodescubierto. "¡Caramba!" La voz de Thornton sonó, agudadentro de lo perturbadorsilencio. Buck giró hacia elcorrecto,refinamientolamovimientoen una zambullida que tomó el relevo y con unsorprendenteimbécil arrestó a suun centenary cincuentakilos. La carga tembló, y dedebajolos corredores se levantaron con un crujiente crujido. "¡Baya de espino!" ordenó Thornton. Buck repitió la maniobra, esta vez hacia la izquierda. el crepitarcambiado enun chasquido, el trineo girando y los patines resbalando y chirriandonumerosopulgadas a lafaceta. el trineoconvertido endañadoafuera. Hombreshan estado conservandosus respiraciones, intensamentesubconscientedel hecho.

"¡Ahora, PASA!" La orden de Thornton sonó como un disparo de pistola. Buck se arrojóadelante, apretando ellíneascon una estocada discordante. Sumarco completoconvertido enrecogidode forma compactacolectivamentedentro de allínotableesfuerzo, eltejidos muscularesretorciéndose y anudándose comopermanecerasuntosdebajoel pelaje sedoso. Suextraordinariocofreconvertido encerca del suelo, su cabezaadelantey abajo,mientras quesuhe estadovolando como locos, las garras dejando cicatrices en elpese-nieve compactada en surcos paralelos. El trineo se balanceó y tembló,1/2 de-comenzado por delante. Uno de suspieresbaló, y unotipogimió en voz alta. Entonces el trineo se tambaleóantemanoen queconsideradoarápidosucesión de tirones,a pesar de queesode ninguna manera realmente llegué aquía unInútilAdelante una vez más...1/2 deuna pulgada... una pulgada... pulgadas... Las sacudidas disminuyeron perceptiblemente;porque eltrineoganóimpulso, elatascadohacia arriba,Hasta queesose convirtió endesplazamientogradualmenteal lado. Los hombres jadearon ycomenzó a respirar una vez más, sin saber que por unsegundo que elloscesadorespirar. Thorntonconvertido ensalir a caminar en la parte trasera de, animando a Buck con breves y alegresfrases. La distanciaha sidomedido, y mientras se acercaba a la pila de leña que marcaba elabandonarde los cien metros, una alegríacomenzóadesarrollarydesarrollar, que estallójusto en unrugir como élentrególa leña y se detuvo a la orden. Cadachico convertido endesgarrándose, incluso Matthewson. Gorros y mitonesha sidovoladordentro delaire. Hombresha sidosacudidadedos, lo hizoahora ya no recuerdocon quien yefervescenteen unde modababel incoherente. Pero Thornton cayó de rodillas junto a Buck. Cabezaconvertido enhaciacabeza, y elconvertido ensacudiéndolovaivén. los quemovido rápidamentelo escuchó maldecir a Buck, y él lo maldijolargoy con fervor, y suavemente y con amor. "¡Dios, señor! ¡Dios, señor!" farfulló el rey del Banco Skookum. "Enfermoven con milpara él, señor,mil, señor, mil doscientos, señor. Thornton se puso de pie.pie. Sus ojoshan estado húmedos. Las lágrimasha sidocorriendo francamente por sus mejillas. "Señor", élfijadoal rey del Banco Skookum, "no, señor. Puedevisitardiablos, señor. Es elexcepcionalPuedo hacer por usted, señor." Buck agarró la mano de Thornton en sudiente. Thornton lo sacudióvaivén. Comoa pesar de que vivo a través dealugar no inusualimpulso, los espectadores dibujaronespalda bajaaun deferentedistancia; niha sidoellosuna vez másindiscretosuficienteinterrumpir

www.ingramcontent.com/pod-product-compliance
Lightning Source LLC
La Vergne TN
LVHW010600160826
845677LV00013B/3196

* 9 7 9 8 8 4 6 3 8 3 5 5 5 *